일본어 동사 활용형의 용법

일본어 동사 활용형의 용법

이성규·권선화

도서출판 시간의물레

머리말

 본서는 『현대일본어 문법 연구Ⅱ(2006)』의 [제5장 동사 활용형의 용법]에 기초하여 일본어 동사 용법에 관해 각 활용형별로 후접하는 조사와 조동사를 중심으로 검토한 것이다.

 작금의 한국의 일본어교육 현장을 살펴보면 일본의 학교문법에서 사용되는 용어와 개념을 그대로 수용하여 교수하는 경향이 여전히 남아 있는 가운데, 종래의 일본의 학교문법의 문제점을 비판하는 입장에서 새로운 용어 및 교수법도 제안되고 있다. 예를 들어 활용형에 있어서, 기존의 명칭에 구애받지 않고, 각 활용형의 각각의 용법에 새로운 명칭을 부여하고 이를 교육하는 경우를 들 수 있다.

 접속조사 「〜て」를 수반하는 형태를 「テ形」, 조동사 「〜た」 「〜ます」를 수반하는 형태를 「タ形」 「マス形」으로 명명하고 각각의 구성요소를 분석하지 않고 그 전체를 하나의 문법단위로 간주하는 것 등이다. 한편, 단위체의 문법적 의미를 중시하여 「タ形」을 「과거형」 또는 「기정형(既定形)」이라고 개칭하거나, 종지형을 「과거형」과 「비과거형(현재·미래형)」으로 구분하는 주장도 있다. 이와 같이 활용형의 명칭에 관해서는 연구자의 입장이나 관점에 따라 다종다양한 의견이 있을 수 있다.

 본서에서는 전통적 관행, 문어문법과의 정합성 등을 고려하여 기존의 「6활용형 체계」가 현대일본어 문법을 기술하는 데 있어서 다소 문제가 있다고 하더라도 여전히 유효하다는 관점에서 기술하되, 각 활용형의 용법을 구체적으로 명시할 필요가 있을 경우에는 그것에 맞는 용어를 채택하여 기술한다.

 본서 『일본어 동사 활용형의 용법』에서 다루고 있는 내용을 간단히 소개하면 다음과 같다.

제1장「미연형(未然形) 용법」에서는 부정, 의지・권유, 수동・가능・존경・자발, 사역, 동사의 가능형과 가능표현에 관해 검토했다.

  제2장「연용형(連用形) 용법」에서는 정중, 희망, 연용중지법, 동작의 목적을 나타내는 구문을 살펴보고, 나아가 일본어 동사문의 의미적 확장에 중요한 역할을 하고 있는 복합동사에 관해서는 그 구조 및 특징을 개괄하고, 복합동사 각론에서는「～始(はじ)める」「～かかる」「～終(お)わる / ～終(お)える」「～終(お)わる / ～終(お)える」「～続(つづ)ける」「～上(あ)がる / ～上(あ)げる」「～過(す)ぎる」「～直(なお)す」「～合(あ)う」「～かねる」「～切(き)れる」「～切(き)る」「～まくる」「～抜(ぬ)ける」「～歩(ある)く」를 다루었다.

  제3장「동사의 음편형(音便形)」에서는 동사의 テ형,「～てから」,「～ても」,「～ておく」「～ていく / ～てくる」「～てしまう」「～てみる」등의 보조동사, 과거・완료를 나타내는「タ形」, 열거・나열의「タリ形」, 조건의「タラ形」의 의미・용법을 기술했다.

  제4장「종지형(終止形) 용법」에서는 동작동사와 상태동사에 있어서의 문 종지 용법과, 종지형에 접속되는 추측의「だろう・でしょう」, 추정의「らしい」, 전문의「そうだ」의 의미・용법을 살펴보았다.

  제5장「연체형(連体形) 용법」에서는 명사를 수식・한정하는 연체형의 용법과 현대일본어에 잔존되어 있는 연체법(連体法)에 관해 검토했다.

  제6장「가정형(仮定形) 용법」에서는 동사의 가정형이 담당하고 있는 가정조건(仮定条件), 항상조건(恒常条件), 병렬(並列)에 관해 기술했다.

  제7장「명령형(命令形) 용법」에서는 회화체와 문어체에 사용되는 명령형의 예를 구체적으로 살펴보았다.

2019년 7월
李成圭・権善和

目次

제1장 미연형(未然形) 용법 ·· 9
1. 부정 ·· 9
1.1. 5단동사의 부정 ··· 9
1.2. 1단동사와 불규칙동사의 부정 ························· 10
2. 의지·권유 ·· 11
3. 수동·가능·존경·자발 ··· 11
3.1. 수동 ·· 11
3.2. 가능 ·· 12
3.3. 존경 ·· 13
3.4. 자발 ·· 13
4. 사역 ·· 14
5. 가능표현(可能表現) ·· 14
5.1. 동사의 가능형 ··· 14
5.2. 「동사의 기본형 + ことができる」 ···················· 17

제2장 연용형(連用形) 용법 ······································· 19
1. 정중 ·· 19
2. 희망 ·· 20
3. 중지법(中止法) ·· 21
4. 동작의 동시 진행 ·· 26
5. 동작의 목적 ·· 28
5.1. 「연용형 + に」 ··· 28
5.2. 「동사 + ように」 ··· 31
6. 복합동사 ·· 34
6.1. ＶＶ(동사 + 동사) ··· 34
6.2. ＶＳ(동사 + 보조적인 동사) ···························· 35
6.3. ＰＶ(접두사화한 동사 + 동사) ························ 36
6.4. Ｖ(일어화(一語化)) ··· 36
6.5. [ＶＳ형]의 [Ｓ](후항동사)의 특징 ··················· 38
6.6. [ＶＳ형]이 나타내는 의미 ······························· 39

7. 복합동사 각론 ··· 42
   7.1. 「~始(はじ)める」 ··· 45
   7.2. 「~かかる」 ·· 47
   7.3. 「~終(お)わる / ~終(お)える」 ····························· 47
   7.4. 「~続(つづ)ける」 ·· 48
   7.5. 「~上(あ)がる / ~上(あ)げる」 ······························ 49
   7.6. 「~過(す)ぎる」 ·· 51
   7.7. 「~直(なお)す」 ··· 53
   7.8. 「~合(あ)う」 ·· 54
   7.9. 「~かねる」 ·· 56
   7.10. 「~切(き)れる」 ·· 57
   7.11. 「~切(き)る」 ·· 58
   7.12. 「~まくる」 ··· 59
   7.13. 「~抜(ぬ)ける」 ·· 60
   7.14. 「~歩(ある)く」 ·· 61
8. 명사적 용법 ··· 62

제3장 동사의 음편형(音便形) ·· 63
1. 동사의 テ형 ··· 64
   1.1. 순차동작(順次動作) ··· 64
   1.2. 동작의 공존(動作の 共存) ··· 64
   1.3. 병행동작(並行動作) ··· 65
   1.4. 「その時から ; 그때부터」의 의미를 나타내는 경우 ····· 65
   1.5. 수단·방법(手段·方法) ··· 65
   1.6. 원인·이유(原因·理由) ··· 66
   1.7. 역접(逆接) ··· 66
   1.8. 부사법(副詞法) ··· 66
2. 순차동작 ; 「~てから」 ··· 67
3. 역접(逆接) ; 「~ても」 ··· 68
4. 보조동사(補助動詞) ··· 71
   4.1. 「~ておく」 ·· 72
   4.2. 「~ていく / ~てくる」 ··· 75
   4.3. 「~てしまう」 ··· 78
   4.4. 「~てみる」 ·· 81

5. 동사의 「夕形」(과거·완료) ·············· 82
　　　　5.1. 접속 ·············· 82
　　　　5.2. 「夕形」의 의미·용법 ·············· 85
　　6. 열거·나열 ; 「列形」 ·············· 88
　　7. 조건 ; 「夕ラ形」 ·············· 90

제4장 종지형(終止形) 용법 ·············· 93
　　1. 문 종지 ·············· 93
　　　　1.1. 동작동사 ·············· 93
　　　　1.2. 상태동사 ·············· 93
　　2. 「종지형 + だろう·でしょう / らしい / そうだ」 ·············· 94

제5장 연체형(連体形) 용법 ·············· 95
　　1. 「연체형 + 명사」 ·············· 95
　　2. 연체법(連体法) ·············· 95

제6장. 가정형(仮定形) 용법 ·············· 97
　　1. 가정조건(仮定条件) ·············· 97
　　2. 항상조건(恒常条件) ·············· 98
　　3. 병렬(並列) ·············· 98

제7장 명령형(命令形) 용법 ·············· 99
　　1. 회화체 ·············· 99
　　2. 문장체 ·············· 99

◆ 本書에서 채택하는 活用表 ··· 101
　　1. 動詞 活用表 ··· 101
　　2. 形容詞 活用表 ··· 103
　　3. 形容動詞 / 名詞述語 活用表 ··· 104

◆ 참고문헌 ··· 105
◆ 찾아보기 ··· 110

제1장 ‖ 미연형(未然形) 용법

1. 부정

동사의 「미연형(未然形；みぜんけい)」에 조동사 「ない」가 접속하면 부정을 나타낸다.

1.1. 5단동사의 부정

5단동사의 부정은 기본형의 어미, 즉 「ウ段(-u)」을 미연형 「ーア段(-a)」으로 바꾸고, 부정의 조동사 「~ない」를 접속시킨다. 단, 「言(い)う；말하다」, 「思(おも)う；생각하다」와 같이 「ーう」로 끝나는 동사는 「言う(iu) → 言わない(iwa-nai)」 「思う(omou) → 思わない(omowanai)」와 같이 미연형이 「ーあ(-a)」가 아니라 「ーわ(-wa)」가 되니 주의한다.

(1) 言(い)う(말하다)　　　　→ 言わない(말하지 않다)
　　行(い)く(가다)　　　　　→ 行かない(가지 않다)
　　泳(およ)ぐ(수영하다)　　→ 泳がない(수영하지 않다)
　　話(はな)す(말하다)　　　→ 話さない(말하지 않다)
　　待(ま)つ(기다리다)　　　→ 待たない(기다리지 않다)
　　死(し)ぬ(죽다)　　　　　→ 死なない(죽지 않다)
　　飛(と)ぶ(날다)　　　　　→ 飛ばない(날지 않다)
　　飲(の)む(마시다)　　　　→ 飲まない(마시지 않다)
　　帰(かえ)る(돌아가다)　　→ 帰らない(돌아가지 않다)
　　ある(있다)　　　　　　　→ ない(없다) [あらぬ]¹⁾ 「 × あらない」

(2) このことは誰(だれ)にも言(い)わない。
　　(이야기는 아무에게도 말하지 않겠다.)

(3) わたしは彼(かれ)が犯人(はんにん)だとは思(おも)わない。
　　(나는 그가 범인이라고는 생각하지 않는다.)

---

1) 「あらぬ目(め)で見(み)られる；엉뚱한 의심을 받다」 「あらぬ噂(うわさ)をたてられる；터무니없는 소문이 나다」

(4) 冬(ふゆ)は泳(およ)がない。
　　(겨울에는 수영하지 않는다.)

(5) あそこには行(い)かない。
　　(거기에는 안 가겠다.)

(6) 彼女(かのじょ)とは話(はな)さない。
　　(그녀와는 말하지 않겠다.)

(7) 最近(さいきん)はお酒(さけ)は飲(の)まない。
　　(요즘은 술은 안 마신다.)

(8) 今日(きょう)は家(うち)へ帰(かえ)らない。
　　(오늘은 집에 돌아가지 않는다.)

1.2. 1단동사와 불규칙동사의 부정

1단동사의 부정은 어미「~る(ru)」를 탈락시키고 부정의「ない」를 접속시키고, 불규칙동사「する」의 부정은「しない」,「来(く)る」의 부정은「来(こ)ない」가 된다.

(9) いる(있다)　　　　　→ いない(없다)
　　見(み)る(보다)　　　→ 見ない(보지 않다)
　　起(お)きる(일어나다) → 起きない(일어나지 않다)
　　寝(ね)る(자다)　　　→ 寝ない(자지 않다)
　　食(た)べる(먹다)　　→ 食べない(먹지 않다)
　　する(하다)　　　　　→ しない(하지 않다)
　　来(く)る(오다)　　　→ 来(こ)ない(오지 않다)

(10) 明日(あした)は家(うち)にいない。
　　(내일은 집에 없다.)

(11) 冬(ふゆ)は朝(あさ)早(はや)く起(お)きない。
　　(겨울에는 아침에 일찍 일어나지 않는다.)

(12) 彼(かれ)はいつも朝(あさ)は食(た)べない。
　　(그는 언제나 아침은 안 먹는다.)

(13) 弟(おとうと)はこのごろはあまり熱心(ねっしん)に勉強(べんきょう)をしない。
　　(남동생은 요즘 별로 열심히 공부를 하지 않는다.)

(14) 彼女(かのじょ)は最近(さいきん)ここにはほとんど来(こ)ない。
　　(그녀는 요즘 여기에는 거의 오지 않는다.)

2. 의지·권유

조동사 「~う / ~よう」는 동사의 미연형에 접속하여 **의지**나 **권유**를 나타내는데, 5단동사에는 「~う」가, 1단동사나 불규칙동사에는 「~よう」가 접속한다. 현대어에서 동사의 경우, 이 형식에 의한 **추량 표현**[2]은 상당히 제한적이어서 「お疲(つか)れでございましょう ; 피곤하시지요」 등의 일부 표현에 남아 있을 뿐이다.

(1) 大(おお)きい声(こえ)で言(い)おう。
   (큰 소리로 {말하겠다 / 말하자}.)
(2) みんなで行(い)こう。
   (다 같이 {가겠다 / 가자}.)
(3) まじめに考(かんが)えよう。
   (진지하게 {생각하겠다 / 생각하자}.)
(4) 早(はや)くしよう。
   (빨리 {하겠다 / 하자}.)

3. 수동·가능·존경·자발

동사의 미연형에 조동사 「~れる / ~られる」가 접속하면 **수동(受動 ; じゅどう) / 受身(うけみ)**, **가능(可能 ; かのう)**, **존경(尊敬 ; そんけい)**, **자발(自発 ; じはつ)**을 나타내는데, 5단동사와 「する」에는 「~れる」가, 1단동사와 「来る」에는 「~られる」가 접속한다. 단 가능의 경우에 「する」는 「する → できる」와 같이 어형교체로 표현된다.

3.1. 수동

일본어의 수동표현은 다른 언어에 비해 상대적으로 발달하여, 자동사문의 경우에도

---

[2] また彼(かれ)らに言(い)われた、「升(ます)の下(した)や寝台(しんだい)の下(した)に置(お)くために、灯(あか)りを持(も)って来(く)ることがあろうか。燭台(しょくだい)の上(うえ)に置(お)くためではないか。[マルコによる福音書]
(그리고 그들에게 말씀하셨다. "되의 아래나 침대 밑에 두기 위해 등불을 가져오는 일이 있겠느냐? 촛대 위에 두기 위함이 아닌가? [4 ; 21]
이상은 李成圭(2018c)『일본어 구어역 마가복음의 언어학적 분석 I』시간의물레. p.170에서 인용.

수동문이 될 수 있다. 그리고 일본어의 수동은 통상 형태적·구문적·의미적 특징을 고려하여 직접수동과 간접수동으로 분류하는데, 자동사문에서 파생된 간접수동은 한국어에는 이에 대응하는 형식이 존재하지 않기 때문에 능동으로 번역하거나 표현을 달리하는 것이 자연스럽다.

(1) 言(い)う(말하다) → 言(い)われる(말을 듣다)
(2) 使(つか)う(쓰다) → 使(つか)われる(쓰이다)
(3) 書(か)く(쓰다) → 書(か)かれる(쓰이다)
(4) 話(はな)す(말하다) → 話(はな)される(말해지다)
(5) 選(え)らぶ(뽑다) → 選(えら)ばれる(뽑히다)
(6) 噛(か)む(물다) → 噛(か)まれる(물리다)
(7) 作(つく)る(만들다) → 作(つく)られる(만들어지다)
(8) なぐる(때리다) → なぐられる(맞다)
(9) 発見(はっけん)する(발견하다) → 発見(はっけん)される(발견되다)
(10) 完成(かんせい)する(완성하다) → 完成(かんせい)される(완성되다)
(11) 死(し)ぬ(죽다) → 死(し)なれる(죽다, 간접수동)
(12) 見(み)る(보다) → 見(み)られる(보이다)
(13) 立(た)てる(세우다) → 立(た)てられる(세워지다)
(14) 捕(つか)まえる(잡다) → 捕(つか)まえられる(잡히다)
(15) 来(く)る(오다) → 来(こ)られる(오다, 간접수동)

3.2. 가능

현재 규범의식상에서는 1단동사와 「来る」의 경우에는 「~られる」를 접속시켜 **가능표현**을 만들고, 5단동사와 「する」에는 별도의 형식이 쓰인다. 보다 상세한 내용은 ◇가능표현을 참조할 것.

(1) いる(있다) → いられる(있을 수 있다)
(2) 見(み)る(보다) → 見(み)られる(볼 수 있다)
(3) 起(お)きる(일어나다) → 起(お)きられる(일어날 수 있다)
(4) 借(か)りる(빌리다) → 借(か)りられる(빌릴 수 있다)
(5) 出(で)る(나가다) → 出(で)られる(나갈 수 있다)
(6) 寝(ね)る(자다) → 寝(ね)られる(잘 수 있다)

(7) 食(た)べる(먹다)　　　→ 食(た)べられる(먹을 수 있다)
(8) 来(く)る(오다)　　　　→ 来(こ)られる(올 수 있다)

◇ 行(い)く(가다)　　　→ 行(い)ける(갈 수 있다)
◇ する(하다)　　　　　→ できる(할 수 있다)

3.3. 존경

「~れる / ~られる」에 의한 존경은 규칙적이고 생산성이 있어 신문, 논문 등의 문장체에 많이 쓰이고, 회화체에서는 남성이 많이 쓰는 경향이 있으나 다른 존경표현에 비해 **경의도(敬意度)**는 낮다. 그러나 최근 젊은 층을 중심으로「~れる / ~られる」에 의한 존경표현이 급증하고 있다는 점에서 경어도에 대한 재평가가 필요하다.

(1) 言(い)う(말하다)　　　→ 言(い)われる(말씀하시다)
(2) 行(い)く(가다)　　　　→ 行(い)かれる(가시다)
(3) 書(か)く(쓰다)　　　　→ 書(か)かれる(쓰시다)
(4) 待(ま)つ(기다리다)　　→ 待(ま)たれる(기다리시다)
(5) 休(やす)む(쉬다)　　　→ 休(やす)まれる(쉬시다)
(6) 見(み)る(보다)　　　　→ 見(み)られる(보시다)
(7) 起(お)きる(일어나다)　→ 起(お)きられる(일어나시다)
(8) 出(で)る(나가다)　　　→ 出(で)られる(나가시다)
(9) する(하다)　　　　　　→ される(하시다)
(10) 来(く)る(오다)　　　　→ 来(こ)られる(오시다)

3.4. 자발

「~れる /~ られる」에 의한 **자발표현**은 의미상의 제약이 있어 심리나 사고활동에 관여하는 동사에 한정된다.

(1) 思(おも)う(생각하다)　　　→ 思(おも)われる(생각되다)
(2) 考(かんが)える(생각하다)　→ 考(かんが)えられる(생각되다)
(3) 思(おも)い出(だ)す(상기하다)→ 思(おも)い出(だ)される(상기되다)
(4) しのぶ(그립다)　　　　　　→ しのばれる(그리워지다)
(5) 案(あん)じる(걱정하다)　　→ 案(あん)じられる(걱정되다)
(6) 感(かん)じる(느끼다)　　　→ 感(かん)じられる(느껴지다)

4. 사역

조동사 「~せる/~させる」가 접속하면 **사역(使役)**을 나타내는데, 5단동사와 「する」에는 「~せる」가, 1단동사와 「来る」에는 「~させる」가 접속한다.

(1) 行(い)く(가다)   → 行(い)かせる(가게 하다)
(2) 殺(ころ)す(죽이다)   → 殺(ころ)させる(죽이게 하다)
(3) 立(た)つ(서다)   → 立(た)たせる(세우다)
(4) 死(し)ぬ(죽다)   → 死(し)なせる(죽게 하다)
(5) 読(よ)む(읽다)   → 読(よ)ませる(읽히다)
(6) やる(하다)   → やらせる(시키다)
(7) いる(있다)   → いさせる(있게 하다)
(8) 見(み)る(보다)   → 見(み)させる / 見(み)せる(보이다 / 보게 하다)
(9) 寝(ね)る(자다)   → 寝(ね)させる / 寝(ね)かす(재우다)
(10) 食(た)べる(먹다)   → 食(た)べさせる(먹게 하다)
(11) 来(く)る(오다)   → 来(こ)させる(오게 하다)
(12) する(하다)   → させる(시키다)

5. 가능표현(可能表現)

일본어의 가능표현에는 (1) **동사의 가능형(가능동사)**을 이용하는 경우와 (2) 동사의 기본형에 「~ことができる」를 접속시켜 사용하는 경우가 있는데, 두 형식간의 실질적인 의미의 차이는 없다. 그리고 타동사문에서 파생한 가능표현에서는 원래의 타동사문에서 「~を」격으로 나타내는 동작의 대상이 「~が」격으로 전환되기도 하는데, 문 이해에 필요할 경우에는 원래의 「~を」격을 그대로 유지한다.

5.1. 동사의 가능형

① 가능동사

일본어 동사에서는 5단동사가 차지하는 비중이 높은데, 5단동사의 경우 「言う → 言える」「行く → 行ける」와 같이 어미 [-u]를 [-eru]로, 즉 5단동사를 하1단동사(下一段動詞)로

바꾸면 가능동사(可能動詞)가 생성된다.

5단동사	言う [iu] (말하다)	行く [iku] (가다)	話す [hanasu] (말하다)	持つ [motsu] (가지다)
가능동사	言える [ieru] (말할 수 있다)	行ける [ikeru] (갈 수 있다)	話せる [hanaseru] (말할 수 있다)	持てる [moteru] (가질 수 있다)
5단동사	死ぬ [sinu] (죽다)	飛ぶ [tobu] (날다)	飲む [nomu] (마시다)	帰る [kaeru] (돌아가다)
가능동사	死ねる [sineru] (죽을 수 있다)	飛べる [toberu] (날 수 있다)	飲める [nomeru] (마실 수 있다)	帰れる [kaereru] (돌아갈 수 있다)

(1) このことは大(おお)きな声(こえ)では言(い)えません。[← 言(い)う]
　　(이 이야기는 큰 소리로 말할 수 없습니다.)

(2) ここから会場(かいじょう)までは三十分(さんじゅっぷん)で行(い)けます。[← 行(い)く]
　　(여기에서 회의장까지는 30분이면 갈 수 있습니다.)

(3) 李(イー)さんは日本語(にほんご)と中国語(ちゅうごくご)が話(はな)せます。[← 話(はな)す]
　　(이승민 씨는 일본어와 중국어를 할 수 있습니다.)

(4) 荷物(にもつ)が重(おも)くて、私(わたし)一人(ひとり)では持(も)てません。[← 持(も)つ]
　　(짐이 무거워서 저 혼자서는 들 수 없습니다.)

(5) 胃(い)の調子(ちょうし)が悪(わる)くて、冷(つめ)たいものは飲(の)めません。[←飲(の)む]
　　(위 상태가 안 좋아서 찬 것은 마실 수가 없습니다.)

(6) 佐藤(さとう)さん、帰(かえ)りは一人(ひとり)で帰(かえ)れますね。[← 帰(かえ)る]
　　(사토 씨, 갈 때는 혼자서 갈 수 있지요?)

② 1단동사와「来る」는 미연형에「~られる」를 접속시키고「する」는「する」 대신에「できる」를 접속시킨다.

기본형	見る〔miru〕 (보다)	起きる〔okiru〕 (일어나다)	出る〔deru〕 (나가다)
가능동사	見られる〔mirareru〕 (볼 수 있다)	起きられる 〔okirareru〕 (일어날 수 있다)	出られる 〔derareru〕 (나갈 수 있다)
기본형	食べる〔taberu〕 (먹다)	来る〔kuru〕 (오다)	する〔suru〕 (하다)
가능동사	食べられる 〔taberareru〕 (먹을 수 있다)	来られる〔korareru〕 (올 수 있다)	できる〔dekiru〕 (할 수 있다)

(7) モデル・ルームを見(み)られますか。[← 見(み)る]
　　(모델 하우스를 볼 수 있습니까?)

(8) いつも早(はや)く寝(ね)るから、早(はや)く起(お)きられる。[←起(お)きる]
　　(언제나 일찍 자기 때문에 일찍 일어날 수 있다.)

(9) 今日(きょう)は何(なに)もないから、会議(かいぎ)に出(で)られる。[← 出(で)る]
　　(오늘은 아무 것도 없기 때문에 회의에 나갈 수 있다.)

(10) この店(みせ)では世界(せかい)じゅうの料理(りょうり)が食(た)べられる。[← 食(た)べる]
　　(이 가게에서는 전 세계의 요리를 먹을 수 있다.)

(11) 5時(ごじ)までには来(こ)られると思(おも)います。[← 来(く)る]
　　(5시까지는 올 수 있을 것 같습니다.)

(12) この図書館(としょかん)は日曜日(にちようび)でも利用(りよう)できる。[← 利用(りよう)する]
　　(이 도서관은 일요일에도 이용할 수 있다.)

③「~する」→「~できる」

「する」동사를 가능표현으로 만들 때는「~する」대신「~できる」를 접속시키는데, 「する」동사는 단어 성격상, 예를 들어「運転(うんてん)する」가「運転(うんてん)をする」와 같이 한자어와「する」사이에「を」가 수의적으로 쓰일 수 있기 때문에 가능표현에서도「運転(うんてん)ができる」처럼「が」가 쓰이는 경우가 있다.

(13) 運転(うんてん)する：彼(かれ)は大型(おおがた)トラックの運転(うんてん)ができる。
　　　[← 運転(うんてん)をする]
　　(운전하다)　　　(그는 대형 트럭 운전을 할 수 있다.)

(14) 試合(しあい)する：東京(とうきょう)ドームでは雨(あめ)が降(ふ)っても試合(しあい)ができる。
　　　[← 試合(しあい)をする]
　　(시합하다)　　　(도쿄돔에서는 비가 와도 시합을 할 수 있다.)

(15) 運動(うんどう)する：冬(ふゆ)はグラウンドがぬかって、運動(うんどう)ができない。
　　　[← 運動(うんどう)をする]
　　(운동하다)　　　(겨울은 운동장이 질어서 운동을 할 수 없다.)

단, 「サッカーをする ; 축구를 하다」, 「テニスをする ; 테니스를 하다」의 「を」는 필수적인 요소이기 때문에 「を」가 없으면 비문이 된다. 따라서 가능표현에서도 「サッカーができる」「テニスができる」와 같이 「が」가 반드시 필요하다. 물론 구어적인 표현에서 이때의 「を」나 「が」가 탈락되는 것은 별개의 문제이다.

(16) サッカーをする：このグラウンドでは夜間(やかん)でもサッカーができる。
　　(축구를 하다)　　(이 운동장에서는 야간에도 축구를 할 수 있다.)

동작주의 능력에 관한 표현에서는 일반적으로 「する」를 취하지 않는 「×日本語をする」와 같은 표현도 「できる」를 써서 가능표현으로 만들 수 있다.

(17) ぼくは少(すこ)し韓国語(かんこくご)ができます。
　　　(나는 조금 한국어를 합니다.)

(18) 李(イー)さんは日本語(にほんご)のワープロができます。
　　　(이승민 씨는 일본어 워드를 칠 수 있습니다.)

5.2. 「동사의 기본형 + ことができる」

동사의 기본형에 「~ことができる」를 접속시켜 가능표현을 만들 수 있다. 이 형식은 「~れる / ~られる」를 수반한 형태 「見(み)られる」「出(で)られる」나 가능동사 「言(い)える」「行(い)ける」)와 실질적인 의미의 차이는 없다.

(19) この談話室(だんわしつ)は自由(じゆう)に{使(つか)える / 使(つか)うことができる}。
　　 (이 담화실은 자유롭게 쓸 수 있다.)

(20) デパートから直接(ちょくせつ)品物(しなもの)を{送(おく)れる / 送(おく)ることができる}。
　　 (백화점에서 직접 물건을 보낼 수 있다.)

(21) 1回(いっかい)に2冊(にさつ)まで、2週間(にしゅうかん)
　　 {借(か)りられる / 借(か)りることができる}。
　　 (한번에 2권까지 2주일 빌릴 수 있다.)

제2장 연용형(連用形) 용법

1. 정중

동사의 연용형에 조동사 「~ます」가 접속하면 **정중표현**이 된다.

(1) 「買(か)う[ka-u]」→「買(か)い[ka-i]＋ます」
   彼(かれ)はいつも学校(がっこう)の近(ちか)くのコンビニでコーヒーを買(か)います。
   (그는 항상 학교 근처에 있는 편의점에서 커피를 삽니다.)

(2) 「書(か)く[kak-u]」→「書(か)き[kak-i]＋ます」
   彼女(かのじょ)は毎日(まいにち)日記(にっき)を書(か)きます。
   (그녀는 매일 일기를 씁니다.)

(3) 「遊(あそ)ぶ[abob-u]」→「遊(あそ)び[asob-i]＋ます」
   学校(がっこう)の友(とも)だちとこの公園(こうえん)で遊(あそ)びます。
   (학교 친구와 이 공원에서 놉니다.)

(4) 「終(お)わる[owar-u]」→「終(お)わり[owar-i]＋ます」
   授業(じゅぎょう)は午後(ごご)5時(ごじ)ごろ終(お)わります。
   (수업은 오후 5시경에 끝납니다.)

(5) 「見(み)る[mi-ru]」→「見(み)[mi]＋ます」
   父(ちち)は食事(しょくじ)の前(まえ)にニュースを見(み)ます。
   (아버지는 식사 전에 뉴스를 봅니다.)

(6) 「寝(ね)る[ne-ru]」→「寝(ね)[ne]＋ます」
   わたしはいつも12時前(じゅうにじまえ)に必(かなら)ず寝(ね)ます。
   (나는 항상 12시 전에 꼭 잡니다.)

◇ 「~ません」；「~ます」의 부정

「~ません」은 정중의 조동사 「~ます」의 부정이다.

(7) 「笑(わら)う[wara-u]」→「笑(わら)い[wara-i]＋ません」
   彼女(かのじょ)はあまり笑(わら)いません。

(그녀는 별로 웃지 않습니다.)

(8) 「話(はな)す[hanas-u]」→「話(はな)し[hanas-i]＋ません」
    彼女(かのじょ)は人前(ひとまえ)ではあまり話(はな)しません。
    (그녀는 남들 앞에서는 별로 말을 하지 않습니다.)

(9) 「噛(か)む[kam-u]」→「噛(か)み[kam-i]＋ません」
    うちの子供(こども)はご飯(はん)をよく噛(か)みません。
    (우리 집 아이는 밥을 잘 씹지 않습니다.)

(10) 「着(き)る[ki-ru]」→「着(き)[ki]＋ません」
     彼(かれ)は寒(さむ)いのに、コートを着(き)ません。
     (그는 추운데 코트를 입지 않습니다.)

(11) 「替(か)える[kae-ru]」→「替(か)え[kae]＋ません」
     彼(かれ)は古(ふる)い靴(くつ)をなかなか替(か)えません。
     (그는 오래된 구두를 좀처럼 바꾸지 않습니다.)

2. 희망

동사의 연용형에 조동사 「~たい」가 접속하면 **화자의 희망(希望)**을 나타낸다. 그리고 타동사문에서 파생한 희망표현에서는 원래의 타동사문에서 「~を」격으로 나타내는 희망의 대상이 「~が」격으로 전환하는 경우도 있지만, 문 이해에 필요할 경우에는 원래의 「~を」격을 그대로 유지한다.

(1) 買(か)う   → 買いたい(사고 싶다)
    書(か)く   → 書きたい(쓰고 싶다)
    話(はな)す   → 話したい(말하고 싶다)
    勝(か)つ   → 勝ちたい(이기고 싶다)
    死(し)ぬ   → 死にたい(죽고 싶다)
    遊(あそ)ぶ   → 遊びたい(놀고 싶다)
    飲(の)む   → 飲みたい(마시고 싶다)
    帰(かえ)る   → 帰りたい(돌아가고 싶다)
    いる   → いたい(있고 싶다)
    見(み)る   → 見たい(보고 싶다)
    寝(ね)る   → 寝たい(자고 싶다)

する　　　　→　したい(하고 싶다)
来(く)る　　→　来(き)たい(오고 싶다)

(2) 月(つき)に一度(いちど)ぐらいは焼肉(やきにく)が食(た)べたいな。
　　(한 달에 한 번 정도는 불고기를 먹고 싶군.)

(3) たまには面白(おもしろ)い映画(えいが)が見(み)たいね。
　　(가끔은 재미있는 영화를 보고 싶어.)

(4) そのときの状況(じょうきょう)をもっと詳(くわ)しく調(しら)べたい。
　　(그때의 상황을 좀 더 자세히 알아보고 싶다.)

(5) この本(ほん)をしばらくお借(か)りしたいんですけど。
　　(이 책을 잠시 빌리고 싶은데요.)

3. 중지법(中止法)

　동사의 연용형은 앞뒤 두 문장을 대등한 관계로 연결할 때 즉, 앞문장의 서술을 일단 중지하고 다시 뒤의 문장을 전개시켜 가는 용법이 있는데 이를 「**연용중지법**(連用中止法 ; れんようちゅうしほう)」이라고 한다. 이 용법은 주로 **문장체**에서 많이 사용된다.

(1) 子供(こども)はよく食(た)べ、よく遊(あそ)ぶ。
　　(아이는 잘 먹고 잘 논다.)

(2) 昼(ひる)は工場(こうじょう)で働(はたら)き、夜(よる)は学校(がっこう)で勉強(べんきょう)する。
　　(낮에는 공장에서 일하고, 밤에는 학교에서 공부한다.)

(3) 家(いえ)を出(で)る時(とき)は、ガスを止(と)め、電気(でんき)を消(け)し、鍵(かぎ)をかけます。
　　(집을 나올 때는 가스를 잠그고 전기를 끄고 열쇠를 잠급니다.)

(4) この道(みち)を100メートルぐらい行(い)き、右(みぎ)に曲(ま)がってください。
　　(이 길을 100미터쯤 가서 오른쪽으로 돌아 주세요.)

(5) こうして私(わたし)は知(し)らず知(し)らずのうちに、父(ちち)に「女(おんな)の色(いろ)」を教(おし)えられ、いつの間(ま)にか私の描(か)く女(おんな)の子(こ)は、赤(あか)い服(ふく)を着(き)、ピンクのリボンをするようになった。
　　(이렇게 나는 나도 모르는 사이에 아버지로부터 「여자의 색」을 배워, 어느 사이엔가 내가 그리는 여자는 빨간 옷을 입고, 핑크 색 리본을 하게 되었다.)

(6) 世界(せかい)は広(ひろ)いのだから、トマトの皮(かわ)をむく人(ひと)もむかない人もいる。トマ

トの皮がついているかいないかは問題(もんだい)ではなく、それよりも、同(おな)じテーブルに座(すわ)り、飲(の)み、食(た)べ、一緒(いっしょ)に笑(わら)うことが大切(たいせつ)だ。
(세계는 넓으니까, 토마토 껍질을 벗기는 사람도 있고 벗기지 않는 사람도 있다. 토마토 껍질이 붙어 있느냐 붙어 있지 않느냐는 문제가 아니고, 그것보다도 같은 테이블에 앉아 마시고 먹고 함께 웃는 것이 중요하다.)

동사의 경우, 앞뒤 두 문장을 대등한 관계로 연결시킬 때는「テ形」을 이용하는 방법, 즉 **접속법(接続法)**과 **연용중지법(連用中止法)**을 이용하는 방법이 있는데, 문장체에서는 일반적으로 연용중지법이 많이 쓰인다. 양자는 용법 면에서 서로 겹치는 경우가 많은데, 중지법은 사항의 단순한 열거에 그치는 느낌이 강하다. 따라서 회화체에서도 사항을 단순히 열거하는 성격의 문장일 경우에는 연용중지법이 사용된다.

(7) 日本(にほん)の国会(こっかい)は衆議院(しゅうぎいん)と参議院(さんぎいん)とから成(な)り、両院(りょういん)とも議員(ぎいん)は普通(ふつう)選挙(せんきょ)で選出(せんしゅつ)される。
(일본의 국회는 중의원과 참의원으로 구성되어 있고, 양원 모두 의원은 보통선거로 선출된다.)

(8) 日本では当選(とうせん)回数(かいすう)によって、ほぼ役割(やくわり)が決(き)まり、当選回数が二回(にかい)、三回(さんかい)になれば、政務次官(せいむじかん)として各省(かくしょう)の行政(ぎょうせい)を担当(たんとう)し、四回(よんかい)、五回(ごかい)で国会(こっかい)の常任委員長(じょうにんいいんちょう)として議会(ぎかい)運営(うんえい)を担当(たんとう)する。
(일본에서는 당선 회수에 따라 거의 역할이 정해져 있어, 당선 회수가 2회, 3회가 되면 정무차관으로서 각 성(부)의 행정을 담당하고, 4회, 5회가 되면 국회 상임위원장으로서 의회 운영을 담당한다.)

(9) 首脳会談(しゅのうかいだん)の場(ば)では、大(おお)まかな原則(げんそく)だけが話(はな)し合(あ)わされ、事務(じむ)レベルの会談(かいだん)で内容(ないよう)を詰(つ)めることになるだろう。
(정상회담 자리에서는 대략적인 원칙만이 논의되고, 사무 레벨 회담에서 내용에 대해 구체적으로 논의하게 될 것이다.)

(10) 1958年代(ねんだい)後半(こうはん)になると、製鉄(せいてつ)、機械(きかい)などの日本の基幹産業(きかんさんぎょう)は好景気(こうけいき)の波(なみ)に乗(の)り、設備投資(せつびとうし)、技術革新(ぎじゅつかくしん)を相次(あいつ)いで行(おこな)い、経済成長(けいざいせいちょう)の基盤(きばん)を作(つく)った。
(1958년대 후반이 되면, 제철, 기계 등 일본의 기간산업은 호경기 흐름을 타고, 설비투자, 기술혁신을 잇달아 행해, 경제성장의 기반을 구축했다.)

(11) 十一日(じゅういちにち)午後(ごご)二時半(にじはん)ごろ、城北(じょうほく)信用金庫(しんようきんこ)池袋支店(いけぶくろしてん)に毛糸(けいと)のタイツ[3]を被(かぶ)って覆面(ふくめ

ん)した男が押(お)し入(い)り、客(きゃく)にナイフを突(つ)きつけ、行員(こういん)に「金(かね)を出(だ)せ」と迫(せま)った。
(11일 오후 2시 반 경, 조호쿠신용금고 이케부쿠로지점에 털실로 짠'타이츠'를 쓰고 복면한 남자가 침입해서, 손님에게 칼을 들이대고, 행원에게 '돈을 내놓아라'고 강요했다.)

(12) その結果(けっか)、質(しつ)の高(たか)い労働者(ろうどうしゃ)は新(あたら)しい技術(ぎじゅつ)を使(つか)いこなして生産性(せいさんせい)を上(あ)げ、日本の産業(さんぎょう)は瞬(またた)く間(ま)に西欧(せいおう)の技術(ぎじゅつ)先進国(せんしんこく)に追(お)いつき、さらにそれを追(お)い越(こ)していった。
(그 결과, 질 높은 노동자는 새로운 기술을 익혀 생산성을 높이고, 일본 산업은 눈 깜짝할 사이에 서구 기술선진국을 따라잡고, 나아가 선진국을 앞질러 갔다.)

(13) 週末(しゅうまつ)の海外旅行(かいがいりょこう)の需要(じゅよう)は、日本(にほん)ではまだ取(と)るに足(た)らないほどしかない。しかし、週休(しゅうきゅう)二日制(ふつかせい)、円高(えんだか)が定着(ていちゃく)すれば、金曜日(きんようび)の夜(よる)、仕事(しごと)を終(お)わってから日本を発(た)ち、3~4時間(じかん)の飛行(ひこう)で目的地(もくてきち)に着(つ)き、土曜日(どようび)、日曜日(にちようび)をのんびり過(す)ごし、月曜日(げつようび)の早朝便(そうちょうびん)で帰国(きこく)してそのままオフィスへという楽(たの)しみ方(かた)も悪(わる)くはない。
(주말 해외여행의 수요는 일본에서는 아직 하잘 것 없을 정도다. 그러나 토요 휴무제, 엔고 현상이 정착되면, 금요일 밤에 일을 끝내고 나서 일본을 출발하여 3-4시간 비행으로 목적지에 도착하여, 토요일, 일요일을 여유 있게 지내고, 월요일 아침 이른 비행기로 귀국해서 그 대로 사무실로 직행한다고 하는 즐기는 방식도 나쁘지는 않다.)

(14a) 鈴木(すずき)さんが今朝(けさ)辞表(じひょう)を机(つくえ)にたたきつけ、出(で)て行(い)きましたけど。
(스즈키 씨가 오늘 아침에 사표를 책상에 내동댕이치고 나갔습니다만.)

(14b) ああ、なんでも、昨晩(さくばん)飲(の)み屋(や)で上司(じょうし)と口論(こうろん)をして、「こんな会社(かいしゃ)、やめてやる」と言(い)っちゃったそうですよ。
(아, 잘은 모르지만, 뭐 어젯밤에 술집에서 상사와 말싸움을 하다가 '이런 회사, 그만두면 될 거 아냐'라고 말했다고 해요.)

그런데 연용중지법과 접속법은 용법 면에서 겹치는 부분이 많다.

(15a) 学校(がっこう)へ行(い)き、先生(せんせい)に会(あ)う。
(16b) 学校へ行(い)って、先生に会う。
(학교에 가서 선생님을 만나다.)

(16a) 兄(あに)は背(せ)が高(たか)く、弟(おとうと)は低(ひく)い。

---
3) 끝이 양말로 되어 있는 몸에 꼭 붙는 좁은 바지, 또는 그런 옷.

(16b) 兄は背が高(たか)くて、弟は低い。
　　　(형은 키가 크고 동생은 작다.)

　(15a)(16a)와 같이 연용형으로 문장을 연결시키는 것을 중지법(中止法)이라고 하고, (15b)(16b)와 같이 접속조사「~て」를 이용해서 문장을 연결시키는 것을 접속법(接続法)이라고 한다. 그런데, 접속법은 중지법에 비해 앞의 동작이나 상태를 종결하고 나서 다음 동작이나 상태로 이행한다고 하는 성격이 강하다. 그래서 중지법에서는 사항의 단순한 열거에 그치는 문장도 접속법으로 바꾸면 사항의 시간적 순서를 나타내고, 거기에서 앞의 사건이 끝나고 다음 사건으로 이행한다는 느낌을 수반한다. 또한 앞의 사건이 성립한 결과 다음 사건이 발생한다고 하는 인과관계(因果関係)도 나타낸다.
　한편, 접속법은 다음과 같이 여러 가지 의미를 나타낸다.

　① 本(ほん)が{あって / あり}、ノートがあって、鉛筆(えんぴつ)もある。　　［병렬］
　　　(책이 있고 노트가 있고 연필도 있다.)
　② 午前中(ごぜんちゅう)は会社(かいしゃ)で{働(はたら)いて / 働(はたら)き}、午後(ごご)は学校(がっこう)で勉強(べんきょう)する。　　［대비］
　　　(오전 중에는 회사에서 일하고, 오후에는 학교에서 공부한다.)
　③ 席(せき)を{立(た)って / 立(た)ち}、廊下(ろうか)へ出(で)た。　　［순서］
　　　(자리에서 일어나 복도로 나갔다.)
　④ 風邪(かぜ)を{ひいて / ひき}、家(うち)で休(やす)んでいる。　　［원인・이유］
　　　(감기에 걸려서 집에서 쉬고 있다.)
　⑤ 手(て)を振(ふ)って歩(ある)く。　　［동시진행］
　　　(손을 흔들며 걸어가다.)
　⑥ 歩(ある)いて帰(かえ)ろう。　　［수단・방법］
　　　(걸어서 돌아가자.)
　⑦ 日本語を知(し)っていて知(し)らんぷりをしている。　　［역접］
　　　(일본어를 알고 있으면서도 모르는 체하고 있다.)
　⑧ 歩(ある)いて十分(じゅっぷん)。　　［가정의 결과］
　　　(걸어서 10분.)

　그러나 중지법으로 가능한 것은 ①~④이고, ⑤ 이하는 중지법으로는 나타낼 수 없다. 그리고 접속법은 회화체적이고 중지법은 문장체적이라고 하는 문체상의 차이도 인정된다. 연용중지법에는 다음과 같이 원인·이유를 나타내는 용법이 있는데 한국어로는 「~(해)서」 또는 「~(하)는데」에 해당한다.

  (17) この先(さき)に休憩所(きゅうけいじょ)が{あり / あって}、みんなが寛(くつろ)ぐことができます。
    (이 앞에 휴게소가 있어 다들 편히 쉴 수가 있습니다.)
  (18) 今朝(けさ)、朝寝坊(あさねぼう)して、授業(じゅぎょう)に{遅(おく)れ / 遅(おく)れて}先生(せんせい)にひどく叱(しか)られた。
    (오늘 아침 늦잠을 자다가 수업에 늦어서 선생님에게 크게 혼났다.)
  (19) 事務所(じむしょ)にはファックスが{あり / あって}、毎日(まいにち)取引先(とりひきさき)とやり取(と)りをするのに欠(か)かせません。
    (사무실에는 팩스가 있는데 매일 거래처와 거래를 하는 데에 빼놓을 수가 없습니다.)

◇ 「~(があり), ~ので」; 「~(이 있어), ~기 때문에」

  (20) 和室(わしつ)の正面(しょうめん)には大(おお)きな窓(まど)があり、晴(は)れた日(ひ)には日(ひ)が差(さ)し込(こ)むので、とても明(あか)るくて気持(きも)ちがいいのです。
    (일본식 방 정면에는 큰 창이 있어, 맑게 갠 날에는 햇빛이 들어오기 때문에 무척 밝고 기분이 좋습니다)

(20)은 중지법 「~あり」가 후속문 「日が差(さ)し込(こ)む」의 원인·이유를 나타내고 다시 그 전체 문장을 「~ので」로 받아 「明るい」의 원인·이유를 나타내고 있다. 같은 유형의 예를 들면 다음과 같다.

  (21) 宝籤(たからくじ)に当(あ)たり、家(いえ)を買(か)うだけのお金(かね)ができたので、彼(かれ)は大喜(おおよろこ)びです。
    (복권에 당첨되어 집을 살만한 돈이 생겼기 때문에 그는 몹시 기뻐하고 있습니다.)
  (22) 家(いえ)の近(ちか)くに森(もり)があり、毎朝(まいあさ)いろんな種類(しゅるい)の小鳥(ことり)がさえずってくれるので、いつも清々(すがすが)しい朝(あさ)を迎(むか)えます。
    (집 근처에 숲이 있어, 매일 아침 여러 종류의 작은 새들이 지저귀기 때문에 언제나 상쾌한 아침을 맞이합니다.)

4. 동작의 동시 진행

「~ながら」는 동작의 연용형에 접속되어 **동시진행(同時進行)**을 나타내는 접속조사인데, 한국어로는 「~하면서」의 뜻을 나타낸다.

(1) 会社(かいしゃ)に通(かよ)いながら、夜(よる)勉強(べんきょう)する。
   (회사에 다니면서 밤에 공부한다.)

(2) 人(ひと)は助(たす)け合(あ)いながら、生(い)きていくものです。
   (사람은 서로 도우면서, 살아가는 법입니다.)

(3) わたしはいつも音楽(おんがく)を聞(き)きながら、勉強(べんきょう)します。
   (저는 항상 음악을 들으면서, 공부합니다.)

(4) コーヒーでも飲(の)みながら、ゆっくり話(はなし)をしませんか。
   (커피라도 마시면서, 천천히 이야기를 하지 않겠습니까?)

(5) 彼女(かのじょ)は本(ほん)を読(よ)みながら、彼(かれ)の帰(かえ)りを待(ま)っていた。
   (그녀는 책을 읽으면서, 그의 귀가를 기다리고 있었다.)

(6) テレビを見(み)ながら、食事(しょくじ)をするのはよくありません。
   (텔레비전을 보면서, 식사를 하는 것은 좋지 않습니다.)

(7) 脇見(わきみ)をしながら、運転(うんてん)してはいけません。
   (한눈을 팔면서, 운전을 해서는 안 됩니다.)

그리고「~ながら」에는 동작의 동시진행(~하면서)을 나타내는 용법,「**순접(順接)**」이외에, 앞의 내용과 뒤의 내용이 서로 반대되는 경우를 나타내는 용법,「**역접(逆接)**」이 있다. 역접을 나타낼 경우에는 동사 이외에 형용사, 명사, 부사에도 접속되고「**~ながらも**」의 형태로도 쓰인다.

(8) 彼(かれ)は口先(くちさき)では、調子(ちょうし)のいいことを言(い)いながら、仕事(しごと)はいいかげんです。[동사의 연용형+ながら]
   (그는 말로는 그럴 듯한 이야기를 하면서도 일하는 것은 엉성해요.)

(9a) 高田(たかだ)さんは、いつも知(し)っていながらも知(し)らないふりをしていますね。[동사의 연용형+ながら]
   (다카다 씨는 언제나 알고 있으면서도 모른 체하고 있어요.)

(9b) 知(し)らないで知(し)っているふりをするよりいいだろう。
   (모르면서 알고 있는 체하고 있는 것보다 낫잖아?)

(10) 彼女(かのじょ)はおっくうがりながらも、友人(ゆうじん)たちの後押(あとお)しもあってミスユニバースに出場(しゅつじょう)しました。[동사의 연용형＋ながら]
(그녀는 마음이 내키지 않으면서도 친구들이 뒤에서 미는 바람에 미스유니버스대회에 나갔습니다.)

(11) うちはおじいちゃんと息子(むすこ)二人(ふたり)の五人(ごにん)家族(かぞく)です。狭(せま)いながらも楽(たの)しい我(わ)が家(や)です。[형용사＋ながら]
(우리 집은 할아버지와 아들이 2명의 5인 가족입니다. 좁기는 하지만 즐거운 우리 집입니다.)

(12) このカメラは小型(こがた)ながら、よく写(うつ)ります。[명사＋ながら]
(이 카메라는 소형이지만, 잘 찍힙니다.)

(13) 小(ちい)さい会社ながらも、いままでこつこつと実績(じっせき)をつくって従業員(じゅうぎょういん)500人(ごひゃくにん)を抱(かか)えるまでになりました。[명사＋ながら]
(작은 회사이지만, 지금까지 차근차근 실적을 쌓아 종업원 500명을 거느리게 되었습니다.)

(14) その子(こ)はいやいやながら、庭(にわ)の掃除(そうじ)を始(はじ)めました。[부사＋ながら]
(그 아이는 마지못해하면서, 정원 청소를 시작했습니다.)

◇ 昔ながらの[伝統食]

「~ながら」는 「昔(むかし)ながらの伝統食(でんとうしょく) ; 옛날 그대로의 전통음식)」과 같이 명사에 접속되어 「(그 상태) 그대로의」의 뜻을 나타내는 용법이 있다. 이 용법에서 현대어의 「~하면서」와 같은 동시진행을 나타내는 용법이 파생되었다.

(15) 彼(かれ)は生(う)まれながらの超能力(ちょうのうりょく)の持(も)ち主(ぬし)だ。
(그는 태어나면서부터 초능력을 가지고 있는 사람이다.)

(16) きのうの彼(かれ)の演技(えんぎ)はいつもながらの鮮(あざ)やかなお手際(てぎわ)でした。
(그의 어제 연기는 여느 때와 마찬가지로 멋진 솜씨였습니다.)

(17) 紙袋(かみぶくろ)が普及(ふきゅう)しても、昔(むかし)ながらの風呂敷(ふろしき)の人気(にんき)はいっこうに衰(おとろ)えない。
(종이봉지가 보급되어도 옛날 그대로의 보자기의 인기는 전혀 쇠퇴되지 않는다.)

5. 동작의 목적

5.1.「연용형 + に」

일본어의 「**동작의 목적**」을 나타내는 구문을 정리하면 다음과 같다. 먼저 동사의 연용형에 「~に」가 접속되는 문형을 살펴본다.

장소[1]	동작의 목적[2]	술어동사[3]
[デパート]へ / に ([백화점]에)	[靴(くつ)を見(み)]に ([구두를 보러)	行(い)きます (갑니다)

[1] 장소

장소를 나타내는 명사, 예를 들어 「外(そと) ; 밖」, 「家(うち) ; 집」, 「会社(かいしゃ) ; 회사」, 「デパート ; 백화점」과 같은 **장소명사**나 「日本(にほん) ; 일본」, 「韓国(かんこく) ; 한국」, 「ソウル ; 서울」, 「東京(とうきょう) ; 도쿄」와 같은 **지명**에는 격조사 「~へ」나 「~に」가 붙는다.

(1) 外(そと)へ / に (밖에/밖으로)
　　家(うち)へ / に (집에/집으로)
　　会社(かいしゃ)へ / に (회사에/회사로)
　　デパートへ / に (백화점에/백화점으로)
　　学校(がっこう)へ / に (학교에/학교로)
　　日本(にほん)へ / に (일본에/일본으로)
　　韓国(かんこく)へ / に (한국에/한국으로)
　　ソウルへ / に (서울에/서울로)
　　東京(とうきょう)へ / に (도쿄에/도쿄로)

[2] 동작의 목적

한국어의 「~하러」에 해당하는 **동작의 목적**을 나타내는 부분은, (1)일반동사는 「お酒(さけ)を飲(の)み+に ; 술을 마시러」와 같이 연용형에, (2)한어동사에는 「勉強(べんきょう)し+に ; 공부하러」와 같이 연용형이나 「勉強(べんきょう)+に ; 공부하러」와 같이 한어에 직접

「~に」를 붙인다.

(2) 遊(あそ)ぶ
→遊(あそ)びに
(놀러)

お酒(さけ)を飲(の)む
→お酒(さけ)を飲(の)みに
(술을 마시러)

本(ほん)を返(かえ)す
→本(ほん)を返(かえ)しに
(책을 반납하러)

靴(くつ)を見(み)る
→靴(くつ)を見(み)に
(구두를 보러)

[3] 술어동사

술어동사에는「行(い)く ; 가다」・「来(く)る ; 오다」・「帰(かえ)る ; 돌아오다 / 돌아가다」・「戻(もど)る ; 돌아오다 / 돌아가다」・「出(で)かける ; 나가다」와 같이 이동을 나타내는 동사가 쓰인다.

(3) 同僚(どうりょう)とお酒(さけ)を飲(の)みに行(い)きます。
(동료와 술을 마시러 갑니다.)

(4) 午前中(ごぜんちゅう)は図書館(としょかん)へ本(ほん)を返(かえ)しに行(い)きます。
(오전 중에는 도서관에 책을 반환하러 갑니다.)

(5) 田中(たなか)さん、今週(こんしゅう)の日曜日(にちようび)、家(うち)へ遊(あそ)びに来(き)ませんか。
(다나카 씨, 이번 주 일요일에 집에 놀러 오지 않겠습니까?)

(6) あしたは田舎(いなか)へお見合(みあ)いに帰(かえ)ります。
(내일은 시골에 선을 보러 돌아갑니다.)

(7) ちょっと自宅(じたく)へ忘(わす)れ物(もの)を取(と)りに戻(もど)ります。
(좀 집에 두고 온 물건을 가지러 돌아가겠습니다.)

(8) これから家族(かぞく)でレストランへ食事(しょくじ)をしに出(で)かけます。
(지금부터 가족과 함께 레스토랑에 식사를 하러 나갑니다.)

◇ [日本]へ[留学]に[来ました]

「~する」가 붙어 동사로 쓰이는 명사, 즉 동작성(動作性) 명사에는 다음과 같이 직접 명사에「~に」가 붙을 수 있다.

(9) 留学(りゅうがく)する
→ 日本(にほん)へ留学(りゅうがく)に来(き)ました。
(일본에 유학하러 왔습니다.)

(10) 食事(しょくじ)する
→ 外(そと)へ食事(しょくじ)に行(い)きます。
(밖에 식사하러 갑니다.)

(11) 見学(けんがく)する
→ 4時(よじ)には韓国(かんこく)の留学生(りゅうがくせい)が見学(けんがく)に来(き)ます。
(4시에 한국 유학생이 견학하러 옵니다.)

(12) 買(か)い物(もの)する
→ デパートへ買(か)い物(もの)に行(い)きます。
(백화점에 물건 사러 갑니다.)

(13) ドライブする
→ 久(ひさ)しぶりにドライブに行(い)きませんか。
(오랜만에 드라이브하러 가지 않겠습니까?)

한어동사(漢語動詞 ; かんごどうし)는 그 특성상 한어와 형식용언「する」가 수의적으로 분리 가능하다. 예를 들어「結婚(けっこん)する ; 결혼하다」⇒「結婚+を+する」], [「勉強(べんきょう)する ; 공부하다」⇒「勉強+を+する」]와 같이「~を」를 매개로 해서 분리할 수 있다. 따라서 [동작의 목적]을 나타내는 경우, 다음과 같이 여러 형식의 문장이 가능하다.

① 「勉強(べんきょう)する」와 같이「する」가 형식용언으로 쓰일 경우.
[日本語(にほんご)を勉強(べんきょう)する]+[行(い)く]
→ 日本語(にほんご)を勉強(べんきょう)しに行(い)く。
(일본어를 공부하러 가다.)

② 「勉強(べんきょう)をする」와 같이「する」가 본동사로 쓰일 경우.
[日本語(にほんご)の勉強(べんきょう)をする]+[行(い)く]
→ 日本語(にほんご)の勉強(べんきょう)をしに行(い)く。
(일본어 공부를 하러 가다.)

→ 日本語(にほんご)の勉強(べんきょう)に行(い)く。
(일본어 공부하러 가다.)

5.2.「동사+ように」

「~ようだ」에서 파생한「~ように」는 동사에 연결되어 **동작의 목적**을 나타내는데, 동사의 긍정에도 부정에도 접속이 가능하다. 용법 상호간 연속성이 인정되기 때문에 이를 세분할 필요성은 없지만, 대략적인 분류를 하면 다음과 같다.

[1] 목적

「~ように」가 목적을 나타낼 경우에는 동사의 긍정에도 부정에도 접속된다.

(1) 試験(しけん)に通(とお)るように、しっかり勉強(べんきょう)しなさいよ。
(시험에 통과할 수 있도록 확실히 공부해요.)
(2) 後(うし)ろの人(ひと)にもよく聞(き)こえるように、大(おお)きな声(こえ)で言(い)ってください。
(뒤에 있는 사람에게도 들리도록 큰 소리로 말해요.)
(3) 寝(ね)すごさないように、目(め)ざまし時計(どけい)をかけておいた。
(늦잠을 자지 않도록 자명종 시계를 맞춰 두었다.)
(4) 隠(かく)れん坊(ぼう)というのは、見(み)つからないように、どこかに隠(かく)れる遊(あそ)びです。
(술래잡기라고 하는 것은 들키지 않도록 어딘가에 숨는 놀이입니다.)
(5) 汽車(きしゃ)に乗(の)り遅(おく)れないように、早(はや)めに行(い)って待(ま)っていましょう。
(기차에 늦지 않도록 일찌감치 가서 기다리고 있읍시다.)

[2] 노력

특히「~ようにする」의 형태로 쓰이면 한국어의「{~하도록 / ~하지 않도록} 하다」와 같이 노력해서 그렇게 하겠다는 의미를 나타낸다.

(6) 日本語(にほんご)の授業(じゅぎょう)で新(あたら)しいことを習(なら)ったらすぐに使(つか)うようにすることが大切(たいせつ)です。
(일본어 수업에서 새로운 것을 배우면 즉시 사용하도록 하는 것이 중요합니다.)
(7) 水(みず)がいっぱい入(はい)っているから、こぼさないようにしてね。
(물이 가득 들어 있으니까 엎지르지 않도록 해요.)

(8) 地下街(ちかがい)は分(わ)かりにくいので、道(みち)に迷(まよ)わないようにしてください。
　　　(지하도는 알기 어려우니 길을 잃지 않도록 하세요.)

(9) クーラーをつけたから、窓(まど)を閉(し)めて冷(つめ)たい空気(くうき)が外(そと)に出(で)ないようにしてください。
　　　(에어컨을 켰으니까, 창문을 닫아 찬 공기가 밖으로 나가지 않도록 해주세요.)

[3] 어떤 결과가 나오도록 한다는 의미를 나타낸다.

(10) このバスは車椅子(くるまいす)の人(ひと)にでも簡単(かんたん)に乗(の)れるようにしてある。
　　　(이 버스는 지체 부자유자도 쉽게 탈 수 있도록 되어 있다.)

(11) 服(ふく)を着替(きが)えていつでも出(で)かけられるようにしておいてください。
　　　(옷을 갈아입고 언제라도 나갈 수 있도록 해 두세요.)

[4] 충고나 명령

「~ように」뒤에「言(い)う・頼(たの)む・伝(つた)える……」등의 동사가 오면 명령이나 충고의 뜻을 나타낸다.

(12) 課長(かちょう)は新入(しんにゅう)社員(しゃいん)にもっと丁寧(ていねい)なことばを使(つか)うように言(い)いました。
　　　(과장님은 신입사원에게 더 정중한 말을 사용하라고 말했습니다.)

(13) 銀行(ぎんこう)が閉(し)まらないうちに急(いそ)いで行(い)って来(く)るように言(い)われました。
　　　(은행 문이 닫히기 전에 서둘러 다녀오라는 말을 들었습니다.)

(14) 風邪(かぜ)を引(ひ)かないように、体(からだ)に気(き)をつけてください。
　　　(감기에 걸리지 않도록 몸조심하세요.)

(15) アイスクリームは解(と)けないように、すぐ冷蔵庫(れいぞうこ)に入(い)れましょう。
　　　(아이스크림은 녹지 않도록 즉시 냉장고에 넣읍시다.)

(16) 切符(きっぷ)をなくさないように、ちゃんとポケットに入(い)れておきなさい。
　　　(표를 잃어버리지 않도록 주머니에 잘 넣어 둬요.)

(17) 部屋(へや)ではうるさくしないように頼(たの)みました。
　　　(방에서는 떠들지 말라고 부탁했습니다.)

(18) 赤(あか)ん坊(ぼう)が寝(ね)ているので、目(め)を覚(さ)まさないように静(しず)かにしてくれませんか。
　　　(갓난아이가 자고 있으니까 깨지 않도록 조용히 해주지 않겠습니까?)

[5] 중지

그리고 명령이나 충고를 나타낼 때에는 다음과 같이 문장을 도중에서 「~ように」로 중지하는 경우가 있다. 이 표현은 상대방에게 「~해주었으면 좋겠다」고 하는 바람이나 권고의 의미를 나타내기도 한다.

(19) 宿題(しゅくだい)は、必(かなら)ず金曜日(きんようび)までに出(だ)すように。
(숙제는 반드시 금요일까지 내도록 해요.)

(20) 電車(でんしゃ)の中(なか)では、ほかの人(ひと)の迷惑(めいわく)にならないように。
(전철 안에서는 다른 사람에게 폐가 되지 않도록 주의해요.)

(21) いつまでもお元気(げんき)でいらっしゃいますように。
(언제까지나 건강하시기를 기원합니다.)

(22) 定年(ていねん)間近(まぢか)になって、会社(かいしゃ)を辞(や)めるなんて血迷(ちまよ)ったことを考(かんが)えないようにね。
(정년이 얼마 안 남았는데 회사를 그만두겠다는 그런 정신없는 생각은 하지 않도록 해요.)

(23) このことが田中(たなか)に知(し)られたら一大事(いちだいじ)になるから、くれぐれも彼(かれ)には言(い)わないようにね。
(이 일이 다나카에게 알려지면 큰일이 나니까, 아무쪼록 그에게는 말하지 않도록 해요.)

(24) 田中(たなか)さん、今(いま)の話(はなし)は絶対(ぜったい)部長(ぶちょう)にばれないようにね。部長、最近(さいきん)、自分(じぶん)の頭(あたま)のことをずいぶん気(き)にしているみたいだから。
(다나카 씨, 지금 이야기는 절대로 부장님에게 들키지 않도록 해요. 부장님, 요즘 자기 머리를 무척 신경 쓰고 있는 것 같으니까.)

(25) 小宮(こみや)さんはアワテンボウだから、損(そん)することが多(おお)いんじゃない。今度(こんど)の仕事(しごと)は時間的(じかんてき)余裕(よゆう)があるから、あんまりあわてないようにね。
(고미야 씨는 덜렁이이어서 손해 보는 일이 많잖아? 이번 일은 시간적 여유가 있으니, 너무 서두르지 않도록 해요.)

(26) お酒(さけ)を飲(の)んだら車(くるま)の運転(うんてん)をしないように！ 車(くるま)に乗(の)るなら、お酒(さけ)は飲(の)まないように！
(술을 마셨으면 차 운전을 하지 맙시다. 차를 탈 생각이라면 술을 마시지 맙시다.)

6. 복합동사

일본어에서 동사문의 확장은 보조동사, 또는 **복합동사(複合動詞；ふくごうどうし)**에 의해 대부분 이루어진다. 「동사의 연용형＋동사」와 같이 동사의 연용형에 다른 동사가 접속하면 다양한 복합동사를 생성하는데, 어순이나 번역에 있어서 한국어와 일치하지 않는 경우가 많으니 주의가 필요하다. 복합동사의 전항요소를 **전항동사(前項動詞)**, 후항요소를 **후항동사(後項動詞)**라고 하는데, 후항요소가 생산성이 있는 경우에는 이를 일일이 사전에 등재하지 않는다.

그리고 전항동사와 후항동사의 **결합도**에 따라 다양한 문법적·어휘적 의미를 실현한다. 의미의 중심이 전항동사 혹은 후항동사에 있는 경우, 전항과 후항이 본래의 의미를 유지하고 있는 경우, 그리고 전항과 후항이 어휘적 의미를 거의 상실하고 새로운 별개의 의미를 획득하는 경우 등 복합동사에 따라 다양하게 전개되기 때문에 외국인이 이를 습득하는 것이 용이하지 않다.

■ 어구조(語構造)

종래 사전에는 없는, 본 데이터베이스의 독자적인 특징은 **복합동사(複合動詞)**의 **어구조(語構造)**를 표시하는 데에 있다. 이것은 2개의 동사의 연속체를, 전항동사(前項動詞) [V1]과 후항동사(後項動詞) [V2]의 의미관계와 후항동사 [V2]의 의미기능에 기초하여 표시한 것이다. 그러나 「어구조」에 관한 생각은 작성자[影山(かげやま)]의 언어학적 분석이 배경으로 되어 있기 때문에 아직 증명된 정설(定說)은 아니다. 하나의 안(案)으로서, 향후 연구를 위해 이용되기를 바란다.

6.1. VV(동사＋동사)

VV유형은 2개의 동사가 각각 본래의 의미와 격관계(格関係)를 가지고 있는 경우로, 「복합동사(複合動詞)」라는 명칭이 가장 어울리는 타입이다. 대략적인 구분 방식으로는 [V1＋V2]가 「V1하고, V2」, 「V1하면서, V2」, 혹은 「V1이기 때문에, V2」와 같이 전항동사 [V1]이 후항동사 [V2]를 여하튼 어떤 관계로 수식한다고 해석되는 경우이다.

예를 들어, 「[犬(いぬ)が草花(くさばな)を]踏(ふ)みつぶす；개가 화초를 짓밟아 찌그러뜨

리다」라면, 「犬(いぬ)が草花(くさばな)を]踏(ふ)んでつぶす ; 개가 화초를 짓밟아서 찌그러뜨리다」로 치환할 수 있다. 이 경우, 전항(前項) 「踏(ふ)む」는 「犬(いぬ)が草花(くさばな)を踏(ふ)む ; 개가 화초를 짓밟다」, 후항(後項) 「つぶす」는 「犬(いぬ)が草花(くさばな)をつぶす ; 개가 화초를 찌그러뜨리다」와 같이 각각이 주어•목적어의 관계를 가지고 있고, 「踏(ふ)みつぶす」 전체가 「踏(ふ)むことによってつぶす ; 밟음으로서 찌그러뜨리다」라는 의미를 나타낸다. 마찬가지로,

「ドアを押(お)し開(あ)ける ; 밀어서 열다」=ドアを押(お)して、開(あ)ける 「流(なが)れ着(つ)く ; 어떤 곳에 이르다[다다르다]. 표착하다」=流(なが)れて、着(つ)く(あるいは、流(なが)れながら着く) 「歩(ある)き疲(つか)れる ; 걸어서 피로하다」=歩(ある)いて、疲(つか)れる

이와 같이 VV형에서는, 기본적으로 후항동사[V2]가 문 전체의 격관계(항(項) 관계)를 결정한다.

6.2. Vs(동사+보조적인 동사)

전항동사(前項動詞)[V1]는 본래의 의미와 격관계를 가지지만, 후항동사(後項動詞)[V2]는 문자 그대로의 의미가 희박해져 있어, **격관계[항구조(項構造)]도 대부분 상실되어, 보조적(補助的 ; subsidiary)**인 동사로 되어 있다. 그로 인해 「V1하고, V2」나 「V하면서, V」라는 형태로 치환할 수 없다. 예를 들어, 다음과 같은 치환은 할 수 없다.

「雨(あめ)が降(ふ)りしきる ; 비가 계속해서 몹시 오다」≠* 雨(あめ)が降(ふ)って、しきる
「空(そら)が晴(は)れ渡(わた)る ; 하늘이 활짝 개다.」≠* 空(そら)が晴(は)れて、渡(わた)る
「死(し)に急(いそ)ぐ ; 죽지 않아도 좋은데 빨리 죽으려 하다. 죽음을 재촉하다」≠* 死(し)んで、急(いそ)ぐ
「花(はな)が咲(さ)き競(きそ)う ; 꽃이 앞 다퉈 피다」≠* 花(はな)が咲(さ)いて、競(きそ)う
「花(はな)が咲(さ)き誇(ほこ)る ; 꽃이 화려하게 피다[한창 피다]」
 ≠* 花(はな)が咲(さ)いて、誇(ほこ)る
「雨(あめ)が降(ふ)り注(そそ)ぐ ; 비가 내리쏟아지다」≠* 雨(あめ)が降(ふ)って、注(そそ)ぐ

오히려 역으로,

「降(ふ)りしきる」라면 「しきりに[絶(た)え間(ま)なく降(ふ)る ; 빈번히[끊임없이] 오다」,

「晴(は)れ渡(わた)る」라면「空(そら)の隅々(すみずみ)まで行(ゆ)き渡(わた)るように、晴(は)れる ; 하늘 구석구석까지 고루 미치도록 개다」,
「死(し)に急(いそ)ぐ」라면「急(いそ)いで死(し)ぬ ; 서둘러 죽다」,
「咲(さ)き競(きそ)う」라면「競(きそ)って[競(きそ)うように]咲(さ)く ; 경쟁해서[경쟁하는 듯이] 피다」
「花(はな)が咲(さ)き誇(ほこ)る」라면「誇(ほこ)らしげに咲(さ)く ; 자랑스럽게 피다」,
「降(ふ)り注(そそ)ぐ」라면「注(そそ)ぐように勢(いきお)いよく降(ふ)る ; 붓듯이[기세 좋게] 오다」

와 같이 동사의 전후 관계를 역전시켜서 치환하는 것이 가능하다. 이와 같이 Vs타입의 후항동사[V2]는, 원래의 동사로서의 기능을 상실하고, 전항동사[V1]을 수식한다고 하는 보조적인 기능을 지니고 있다. 이로 인해 문 전체의 격관계는 전적으로 [V1]에 의해 결정된다.

6.3. pV(접두사화한 동사+동사)

「差(さ)し迫(せま)る ; 박두하다. 절박[임박]하다. 닥치다.」의 「差(さ)し」,「ぶっ飛(と)ばす ; ①힘차게 내던지다[날리다]. ②마구 세차게 때리다[후려치다]. ③마구[냅다] 몰다.」의 「ぶっ(ぶつ, 打(う)つ)」,「打(う)ち重(かさ)なる ; 몇 겹으로 겹치다.」의 「打(う)ち」,「押(お)し隠(かく)す ; 애써 감추다. 숨기다.」의 「押(お)し」,「ひっぱたく ; 세게 치다. 냅다 때리다.」의 「ひっ」와 같이, 전항동사 본래의 의미가 희박해져서, **접두사적(prefix)**으로 된 것. 이 경우, 전항동사[p]는 후항동사의 의미를 강화할 뿐, 격관계는 후항동사에 의해 결정된다.

6.4. V(일어화(一語化))

현대인의 어감(語感)으로는 2어(二語)로 구성되는 복합동사라고 하기보다, 1어(一語)로서 고정화되어 있다고 인식되는 것. 예를 들어,「(気分(きぶん)が)落(お)ち着(つ)く ; 기분이 안정되다」,「思(おも)い出(だ)す ; 생각해 내다. 상기하다.」,「折(お)り入(い)る(折り入って ; 특별히. 긴히.)」

◆ 주의 ◆

[ＶＶ]형인가 [Ｖｓ]형인가의 판단은 상술한 바와 같이 의미와 문법적 기능에 의한 것으로, **자립형식(自立形式)**인가 **구속형식(拘束形式)**인가의 형태적인 상위는 아니다.

예를 들어, 같은 「散(ち)らす」라고 하더라도, 「食(く)い散(ち)らす ; 이것저것 찔끔찔끔 먹다. 지저분하게 먹다.」・「蹴散(けち)らす ; ①한데 모여 있는 것을 발로 차서 흩뜨리다. ②적 등을 쫓아 흩뜨리다. 쫓아 해산시키다.」 등에서는 문자 그대로의 「흩뜨리다. 어지르다. 어지럽히다.」라는 의미를 지니고, 「~を散(ち)らす」라는 격관계를 유지하고 있기 때문에 「食(く)い散(ち)らす・蹴散(けち)らす」는 [VV형]이다. 한편, 「わめき散(ち)らす ; 마구 소리쳐대다」・「怒鳴(どな)り散(ち)らす ; 마구 호통을 쳐대다」의 「散(ち)らす」는, 「여기저기, 주위를 아랑곳없이」와 같은 그런 부사적인 의미로 되어 있기 때문에 [Vs형]으로 분류된다.

복합동사의 후항(後項)으로 사용되는 「~込(こ)む」는 형태적으로는 구속형식(拘束形式)이지만, 의미가 2개 있다. 하나는, 「들어가다」 혹은 「넣다」와 같은 물리적인 이동을 나타내는 경우로, 이때는 「込(こ)む」 자체가 「どこそこに」라는 착점(着点)을 취한다. 「流(なが)れ込(こ)む ; ①흘러들다. ②많은 사람이 몰려오다.」, 「流(なが)し込(こ)む ; 흘려서 속에 집어넣다」 등은 물론, 「事務所(じむしょ)に怒鳴(どな)り込(こ)む[暴(あば)れ込(こ)む] ; 사무실에 호통을 치며 들어가다[난입하다]」와 같이 전항(前項)이 단순한 동작동사인 경우도, 「~込(こ)む」가 접속함으로써 「어떤 장소에」라는 표현이 가능해지기 때문에, 이 「込(こ)む」는 「들어가다・넣다」와 마찬가지 기능을 지니고 있다고 간주되며, [VV형]로 분류된다. 한편, 「考(かんが)え込(こ)む ; 골똘히 생각하다. 생각에 잠기다.」・「泊(と)まり込(こ)む ; 그대로 묵다. 머무르다.」・「煮込(にこ)む ; ①여러 가지 재료를 넣어서 끓이다. ②푹 끓이다. 푹 삶다.」처럼, 전항동사가 나타내는 사상(事象)의 결과를 강조하는 그런 의미의 경우는, [Vs형]이다. 동일한 「走(はし)り込(こ)む」도, 「交番(こうばん)に走(はし)り込(こ)む ; 파출소에 달려 들어가다[뛰어들다]」는 [VV형], 「試合(しあい)を目前(もくぜん)にして、走(はし)り込(こ)む ; 시합을 목전에 두고 연습 달리기를 충분히 하다」와 같은 경우는 [Vs형]이다.

「~去(さ)る」도 마찬가지로 문자 그대로 「떠나가다」와 같은 물리적 이동을 나타내는 경우는 **[VV형]**, 「완전히」와 같이 정도를 나타내는 경우는 **[Vs형]**으로 분류할 수 있다. 이 기준에 의하면, 「走(はし)り去(さ)る ; (사람・차 등이 달려서[몰고]) 사라져 버리다. 달아나 버리다. 떠나 버리다.」・「逃(に)げ去(さ)る ; 멀리 도망쳐 가다」・「運(はこ)び去(さ)る ; 실어 달아나다」・「連(つ)れ去(さ)る ; 속이거나 강요하거나 해서 다른 곳으로 데려가다」 등은 [VV형], 「消(け)し去(さ)る ; 지워 없애다」・「拭(ぬぐ)い去(さ)る ; ①씻어 없애다. 씻어 내다. ②완전히 없애다. 깨끗이 씻어 내다.」・「葬(ほうむ)り去(さ)る；①매장해 버리다. ②없애 버리다. 덮어 버리다. ③사회적으로 실추시키다.」 등은 [Ⅴs형]이다.

6.5. [Vs형]의 [s](후항동사)의 특징

후항동사(後項動詞)[s]는, 보조동사적으로 되어 있기 때문에 다음과 같은 제한이 있다.

(1) [V2(보조동사)]는, [V1(전항)]의 개념적 의미에 대해 어떤 어휘적 애스펙트(aspect)의 의미를 첨가한다.

　[例]「空(そら)が晴(は)れ渡(わた)る；하늘이 활짝 개다」는「空(そら)が渡(わた)る」이 아니라,「空(そら)が晴(は)れる；하늘이 개다」라는 사상이「구석구석에 미치다」라는 의미.

(2) [V2(보조동사)]는, 단독으로 사용될 때의 동사와 의미가 다르다.

　[例]「呆(あき)れはてる；기가 막히다. 어이없다.」・「晴(は)れ渡(わた)る；활짝 개다」・「思(おも)い過(す)ごす；상기하다. 생각해 내다.」・「待(ま)ちわびる；애타게 기다리다. 고대하다.」・「褒(ほ)めちぎる； 극구 칭찬하다」

(3) [V2(보조동사)]는, 한정된 전항[V1]에만 접속된다.

　[例] 현대어에서는「~わびる」는「待(ま)つ」에만 결합한다.「~しきる」는「降(ふ)る」혹은「鳴(な)く」에만 결합한다.

(4) [V2(보조동사)]는, 현대일본어에서는 단독으로 사용되지 않는 것이 있다.

　[例]「降(ふ)りしきる；계속해서 몹시 오다」・
　　　「言(い)いふらす；말을 퍼뜨리다」・
　　　「着古(きふる)す；오래 입어 낡게 하다」・
　　　「呼(よ)び習(なら)わす；늘 불러 익숙하다」・
　　　「黙(だま)りこくる；잠자코 있다」・
　　　「眠(ねむ)りこける；푹 잠들어버리다. 정신없이 자다.」

(5) [V2(보조동사)]는, 동사로서의 활용 패러다임이 불완전한 것이 있다.

　[例] 私(わたし)はそのドレスが届(とど)くことが待(ま)ちきれない。(* 待(ま)ちきれる) (나는 그 드레스가 도착하는 것을 손꼽아 기다린다.)

(6) [V1]과 [V2]의 의미 해석이 단순하지 않기 때문에 유아(乳兒)나 외국인 학습자는 습득하는 데에 시간이 걸린다고 생각된다. 또한, 성인도 의미를 정확히 파악하지 못해 오용이 발생하기 쉽다.

[例] 煮詰(につ)まる ; (원래는 충분히 논의가 되어 결론에 근접하다」라는 의미이지만, 요즘은「벽에 부딪쳐 결론이 안 나다 / 향후 전망이 서지 않다」고 하는 의미로 사용되는 경향이 늘었다.)

6.6. [Vs형]이 나타내는 의미

(1) 시간적 애스펙트(aspect)[시간상](개시·계속·완료 등)

① 사건의 완료

「~やむ」;「降(ふ)り止(や)む ; 비나 눈이 멎다. 그치다.」
「~あげる」;「縫(ぬ)いあげる ; 접어 넣어 꿰매다. 꿰매서 완성시키다.」·「歌(うた)いあげる ; ①소리 높이 노래하다. 끝까지 노래하다. ②시·노래로 나타내다. ③선전하다.」
「~あがる」;「縫(ぬ)いあがる ; 바느질이 끝나다 」·「干(ひ)あがる ; ①바싹 마르다. 말라붙다. ②가난해 살 수 없게 되다.」
「~詰める」;「煮詰(につ)める ; 바짝 조리다」
「~詰まる」;「煮詰(につ)まる ; 바짝 졸아 들다. 논의나 생각이 다 나와서 결론을 낼 단계가 되다」

② 사건의 불완전한 완료·불성립

「~さす」;「言(い)いさす ; 말을 하다가 말다. 말을 중간에서 끊다.」
「~違える」;「履(は)き違(ちが)える ; ①바꾸어 신다. ②잘못 생각하다. 바꾸어 생각하다.」
「~しぶる」;「貸(か)ししぶる ; 빌려주는 것을 꺼리다」
「~悩む」;「伸(の)び悩(なや)む ; ①침체 상태에 빠지다. ②시세가 오를 것 같으면서도 오르지 않다」
「~違う」;「聞(き)き違(ちが)う ; 잘못 듣다」

③ 변화 결과의 강조

「~込む」;「寝(ね)こむ ; ①푹 잠들다. 깊은 잠이 들다. ②병으로 오래 자리에 눕다」·
「上(あ)がり込(こ)む ; 남의 집에 마구 들어가다. 들어가서 주저앉다.」·
「考(かんが)え込(こ)む ; 골똘히 생각하다. 생각에 잠기다. 」
「~はてる」;「困(こま)りはてる ; 몹시 곤란을 겪다. 난감해하다.」
「~きる」;「心(こころ)が腐(くさ)りきる ; 생각이 썩어 빠지다」·「空(そら)が澄(す)みきる ; 아주 맑아지다. 아주 맑게 트이다. 」
「~かえる」;「静(しず)まりかえる ; 아주 조용해지다. 아주 고요해지다. 」·「あきれかえる ; 아

주 어이없다. 질리다. 기가 막히다」
「~つく」;「職(しょく)にありつく；일자리가 얻어 걸리다」・「住(す)みつく；정주(定住)하다。；그 자리에 자리 잡고 살다.」・「さびつく；①녹슬어 엉겨 붙다. ②잔뜩 녹슬다. ③기능이 쇠퇴하다.」・「わずらいつく；병들다」
「~あがる」;「震(ふる)えあがる；부들부들 떨다」
「~乱れる」;「花(はな)が咲(さ)き乱(みだ)れる；꽃이 난만하게 피다」
「~はらう」;「落(お)ち着(つ)きはらう；매우 침착한 모양을 보이다. 태연자약하다.」

　④ 사건의 개시 내지 개시 시도
「~かかる」;「殴(なぐ)りかかる；때리려고 덤비다」
「~つける」;「どなりつける；호통 치다」
「~そめる」;「明(あ)けそめる；날이 밝기 시작하다. 날이 밝아 오다.」
「~起こす」;「書(か)き起(お)こす；새로 쓰기 시작하다.」
「~出す」;「飛(と)び出(だ)す；①뛰어나가다[나오다]. ②튀어나오다. ③별안간 나타나다. 튀어나오다.」

　⑤ 사건의 계속
「~暮らす」=하루 종일 계속되다；「降(ふ)り暮(く)らす；온종일 비나 눈이 오다.」・「泣(な)き暮(く)らす；매일 울며 지내다. 울며 세월을 보내다.」
「~しきる」;「降(ふ)りしきる；눈이나 비가 계속해서 몹시 오다」

　⑥ 사건의 반복・습관
「~込む」;「使(つか)い込(こ)む；손때 나게 오래 쓰다」
「~習わす」;「言(い)い慣(なら)わす；①습관적으로 말하다. ②늘 말하다. 입버릇처럼 말하다.」
「~替える」;「建(た)て替(か)える；건물을 고쳐 짓다. 개축하다」
「~継ぐ」;「語(かた)り継(つ)ぐ；잇달아 말로 전해 내려가다. 구전하다」

　⑦ 동작의 강조・정도
「~たてる」;「さわぎたてる；요란하게 떠들어대다」・「はやしたてる；시끄럽게 떠들어대다」
「~おろす」;「こきおろす；①깎아내리다. 헐뜯다. ②훑어 떨어뜨리다. 훑어 내리다」
「~まわす」;「いじくりまわす；마구 주물러대다. 들쑤시다」・「こねまわす；일을 자꾸 주물러 터뜨리다. 뭉그대다」

「~かえる」;「沸(わ)きかえる ; ①들끓다. 세차게 비등하다. ②화가 나서 참을 수 없다. ③몹시 열광하다.」
「~たつ」;「沸(わ)きたつ ; ①끓어오르다. 소용돌이치다. ②흥분으로 들끓다. 열광하다.」
「~ちぎる」;「褒(ほ)めちぎる ; 극구 칭찬하다」
「~つける」;「叱(しか)りつける ; 엄하게 꾸짖다」

⑧ 복수 사상(事象)의 상호 관계

「~あわせる」;「誘(さそ)いあわせる ; 서로 권유하여 함께 행동하다」・「居(い)あわせる ; 마침 그 자리에 있다」
「~かえる」;「電車(でんしゃ)を乗(の)りかえる ; 전철을 갈아타다」・「靴(くつ)を履(は)きかえる ; 잘못하여 다른 구두를 신다」
「~かえす」;「押(お)しかえす ; ①제자리로 되밀다. 되 물리치다. ②되돌아오게 하다. ③반대로 하다」・「聞(き)きかえす ; ①되묻다. 반문하다. ②다시 한 번 듣다.」
「~結ぶ」;「斬(き)り結(むす)ぶ ; 칼날을 맞부딪치며 접전하다. 칼로 맹렬히 싸우다.」
「~分ける」;「使(つか)い分(わ)ける ; 구별해서 사용하다」・「書(か)き分(わ)ける ; 구별하여 쓰다. 나누어 쓰다」

(2) 공간적 애스펙트(aspect)[공간상](사상의 전개 방식을 공간(이동)의 관점에서 표현한다)

「~あげる」;「見(み)あげる ; 우러러 보다. 올려다 보다. 쳐다보다」
「~おろす」;「見下(みお)ろす ; ①내려다보다. ②아래를 보다 ; 굽어보다. ③얕보다. 깔보다」
「~まわす」;「見(み)まわす ; 둘러보다」・「なめまわす ; 구석구석까지 핥다」
「~わたる」;「晴(は)れわたる ; 활짝 개다」・「鳴(な)りわたる ; 울려 퍼지다. 멀리까지 퍼지다」

(3) 사회적 애스펙트(aspect)(사상의 전개 방식을, 주어와 상대의 상하관계의 관점에서 표현한다.)

「~あげる」;「祭(まつ)りあげる ; ①추대하다. 떠받들다. ②치켜세우다」・「存(ぞん)じあげる ; 思(おも)う의 겸양어」・「政府(せいふ)が民間(みんかん)から借(か)りあげる ; 정부가 민간으로부터 물건을 빌리다」
「~さげる」;「政府(せいふ)が民間(みんかん)に貸(か)しさげる ; 정부에서 민간에게 빌려 주다」
「~くだす」;「見(み)くだす ; ①내려다보다. ②깔보다. 멸시하다」
「~つける・つかる」;「申(もう)しつける ; 명령하다 ; 분부하다.」・「申(もう)しつかる ; 하명을 받다」
「~やる」;「思(おも)いやる ; ①생각이 미치다. ②추측하다. 헤아리다.」[4]

7. 복합동사 각론

　일본어의 경우 동사문의 확장은 보조동사, 또는 복합동사(複合動詞 ; ふくごうどうし)에 의해 대부분 이루어진다. 「**동사의 연용형＋동사**」와 같이 동사의 연용형에 다른 동사가 접속하면 다양한 복합동사를 구성하는데, 어순이나 번역에 있어서 한국어와 일치하지 않는 경우가 많으니 주의가 필요하다. 복합동사의 전항요소를 **전항동사(前項動詞)**, 후항요소를 **후항동사(後項動詞)**라고 하는데, 후항요소가 생산성이 있는 경우에는 이를 일일이 사전에 등재하지 않는다. 그리고 전항동사와 후항동사의 결합에 따라 다양한 문법적·어휘적 의미를 실현한다. 의미의 중심이 전항동사 또는 후항동사에 있는 경우, 전항과 후항이 본래의 의미를 유지하고 있는 경우, 그리고 전항과 후항이 어휘적 의미를 거의 상실하고 새로운 별개의 의미를 획득하는 경우 등 복합동사에 따라 다양하기 때문에 외국인이 이를 습득하는 것이 용이하지 않다.

　먼저 복합동사 중에서 대표적인 유형을 제시한다.

[1] 시간상(時間相)을 중심으로
　　雨(あめ)が降(ふ)り始(はじ)める ; 비가 내리기 시작하다
　　雨(あめ)が降(ふ)り出(だ)す ; 비가 내리기 시작하다
　　{死(し)にかける・死(し)にかかる} ; 죽을 뻔하다
　　話(はな)しかける ; 말을 걸다
　　本(ほん)を読(よ)み続(つづ)ける ; 책을 계속 읽다
　　雨(あめ)が{降(ふ)り続(つづ)ける・降(ふ)り続(つづ)く} ; 비가 계속 내리다
　　ご飯(はん)を食(た)べ終(お)わる ; 밥을 다 먹다
　　撮(と)り終(お)える ; 다 찍다

[2] 공간상(空間相)을 중심으로
　　本(ほん)を探(さが)し出(だ)す ; 책을 찾아내다
　　犬(いぬ)が{飛(と)び出(だ)す・飛(と)び出(で)る} ; 개가 뛰어나오다
　　弱点(じゃくてん)をさらけ出(だ)す ; 약점을 들춰내다
　　人(ひと)を迎(むか)え入(い)れる ; 사람을 맞아들이다
　　土地(とち)を買(か)い入(い)れる ; 토지를 사들이다

---
4) 国立国語研究所(2013) 『複合動詞レキシコン』 [語構造] https ; //db4.ninjal.ac.jp/vvlexicon/에서 인용하여 적의 번역함.

제2장 연용형(連用形) 용법   43

映像(えいぞう)に見入(みい)る ; 영상을 주시하다
口座(こうざ)に振(ふ)り込(こ)む ; 계좌이체하다
荷物(にもつ)を抱(かか)え込(こ)む ; 짐을 껴안다
ピアノを運(はこ)び上(あ)げる ; 피아노를 (위로) 옮기다
火(ひ)の粉(こ)が舞(ま)い上(あ)がる ; 불티가 날아오르다
現場(げんば)を立(た)ち去(さ)る ; 현장을 떠나다
本題(ほんだい)に立(た)ち戻(もど)る ; 본제로 돌아오다
理論(りろん)を組(く)み立(た)てる ; 이론을 세우다
全山(ぜんざん)が燃(も)え立(た)つ ; {모든 산이 / 산 전체가} 불타오르다
戸棚(とだな)を作(つく)り付(つ)ける ; 장(欌)을 붙박이로 만들다
山頂(さんちょう)に登(のぼ)り付(つ)く ; 산꼭대기에 도착하다
車(くるま)の音(おと)を聞(き)き付(つ)ける ; 차 소리를 듣다
寝付(ねつ)く ; 잠 들다 / 住(す)み着(つ)く ; 定住(정주)하다
一言(ひとこと)を付(つ)け加(くわ)える ; 한마디 덧붙이다
扉(とびら)を押(お)し開(あ)ける ; 문을 밀어서 열다
途中(とちゅう)から引(ひ)き返(かえ)す ; 중도에 되돌아오다 / 되돌아가다
畑(はたけ)を掘(ほ)り返(かえ)す ; 밭을 갈다
花瓶(かびん)が引(ひ)っくり返(かえ)っている ; 꽃병이 뒤집혀 있다
女(おんな)の子(こ)を追(お)い掛(か)け回(まわ)す ; 여자아이를 졸졸 쫓아다니다
部屋(へや)の中(なか)を歩(ある)き回(まわ)る ; 방 안을 맴돌다
人力車(じんりきしゃ)が走(はし)り過(す)ぎていく ; 인력거가 지나가다
風(かぜ)が吹(ふ)き抜(ぬ)ける ; 바람이 지나가다
電車(でんしゃ)を乗(の)り越(こ)す ; 하차할 역을 지나치다
人(ひと)を呼(よ)び止(と)める ; 사람을 불러 세우다
立(た)ち止(ど)まってしばらく考(かんが)えた ; 멈추어 서서 한동안 생각했다

[3] 양상(樣相)·정도(程度)
香辛料(こうしんりょう)を混(ま)ぜ合(あ)わせる ; 향신료를 혼합하다
顔(かお)を見合(みあ)わせる ; 얼굴을 마주보다
お金(かね)を出(だ)し合(あ)う ; 돈을 나누어 내다
世(よ)の趨勢(すうせい)を論(ろん)じ合(あ)う ; 서로 世態(세태)를 논하다
両県(りょうけん)があい接(せっ)している ; 양 현(県)이 서로 접하고 있다

[4] 강조(强調)의 어감
憎(にく)らしげに見返(みかえ)す ; 얄미운 듯이 되받아 보다
値(ね)が上(あ)げると見越(みこ)す ; 값이 올라갈 것으로 예상하다

男(おとこ)を見込(みこ)んで頼(たの)む ; 사나이라고 믿고 부탁하다
講義(こうぎ)を聞(き)き取(と)る ; 강의를 듣다
荷物(にもつ)を取(と)りまとめる ; 짐을 한데 모으다
取(と)り澄(す)ました顔(かお) ; 천연덕스러운 얼굴
外国人(がいこくじん)を受(う)け入(い)れる ; 외국인을 받아들이다
仕事(しごと)を引(ひ)き受(う)ける ; 일을 떠맡다
花火(はなび)を打(う)ち上(あ)げる ; 불꽃을 쏘아 올리다
交渉(こうしょう)を打(う)ち切(き)る ; 교섭을 중단하다
周囲(しゅうい)の反対(はんたい)を押(お)し切(き)る ; 주위의 반대를 무릅쓰다
言葉(ことば)を差(さ)し挟(はさ)む ; 말참견을 하다
土俵(どひょう)の外(そと)へ突(つ)き出(だ)す ; 씨름판 밖으로 밀어내다
贈(おく)り物(もの)を突(つ)き放(はな)す ; 선물을 되돌려 주다

[5] 완수(完遂)

自説(じせつ)を押(お)し通(とお)す ; 자신의 의견을 관철시키다
一気(いっき)に読(よ)み通(とお)す ; 단숨에 다 읽다
大切(たいせつ)な記事(きじ)を切(き)り抜(ぬ)く ; 중요한 기사를 오려내다
考(かんが)え抜(ぬ)いた上(うえ)での処置(しょち) ; 깊이 생각한 끝의 처치.
廊下(ろうか)を磨(みが)き上(あ)げる ; 복도를 잘 닦다.
恐(こわ)がって震(ふる)え上(あ)がる ; 무서워서 부들부들 떨다
論文(ろんぶん)を仕上(しあ)げる ; 논문을 완성하다
注文(ちゅうもん)の品(しな)が仕上(しあ)がる ; 주문한 물건이 완성되다
綱(つな)を噛(か)みきる ; 밧줄을 물어 끊다
バスを買(か)い切(き)る ; 버스를 전세 내다
枝(えだ)を切(き)り落(お)とす ; 가지를 잘라 내다
困難(こんなん)を切(き)り開(ひら)く ; 곤란을 타개하다
この布石(ふせき)はすべて知(し)り尽(つ)くしている ; 이 포석은 전부 다 알고 있다

[6] 재시행(再試行)・습관(習慣)

報告書(ほうこくしょ)を書(か)き直(なお)す ; 보고서를 다시 쓰다
壁紙(かべがみ)を張(は)り替(か)える ; 벽지를 갈다
くつの底(そこ)を取(と)り替(か)える ; 구두창을 갈다
何度(なんど)も読(よ)み返(かえ)す ; 몇 번이고 다시 읽다
静(しず)まり返(かえ)った夜中(よなか) ; 아주 고요한 한밤중
作(つく)り直(なお)す ; 다시 만들다
こういう物(もの)はふだん食(た)べつけていないから、おなかが驚(おどろ)いている。

(이런 것은 평상시 먹지 않아서 배가 놀라다.)
この土地(とち)にも大分(だいぶ)住(す)み慣(な)れた。(이 고장에도 제법 정이 들었다.)

[7] 실패(失敗)·난이(難易)
　　手紙(てがみ)を出(だ)し忘(わす)れる ; 편지 붙이는 것을 깜빡 잊다.)
　　失敗(しっぱい)したね。買(か)い損(そこ)なったね ; 실수했어. 잘못 샀군.
　　電車(でんしゃ)に乗(の)り損(そこ)なった ; 전철을 놓쳤다
　　食(た)べ過(す)ぎる ; 과식하다
　　客(きゃく)が来(き)過(す)ぎる ; 손님이 너무 많이 오다
　　ありうる ; 있을 수 있다 / 考(かんが)えうる ; 생각할 수 있다
　　承知(しょうち)しかねる ; 승낙하기 어렵다
　　見(み)るに見(み)かねる ; 차마 볼 수 없다5)

7.1.「~始(はじ)める」

「**~始(はじ)める**」는 동사의 연용형에 접속되어 동작이나 상태의 **개시상**을 나타내는데 한국어의「~기 시작하다」에 해당한다.

(1) 赤(あか)ちゃんが歩(ある)き始(はじ)めて、とてもかわいいです。
　　(갓난아이가 걷기 시작해서 무척 귀엽습니다.)
(2) 寒(さむ)い日(ひ)が続(つづ)きましたが、桜(さくら)の花(はな)が咲(さ)き始(はじ)めました。
　　(추운 날이 계속되었습니다만, 벚꽃이 피기 시작했습니다.)
(3) 赤(あか)ん坊(ぼう)はいくつぐらいから言葉(ことば)を使(つか)い始(はじ)めますか。
　　(갓난아이는 몇 살 정도부터 말을 하기 시작합니까?)
(4) 私(わたし)の国(くに)で雪(ゆき)が降(ふ)り始(はじ)めるのは11月(じゅういちがつ)の終(お)わりごろです。
　　(우리나라에서 눈이 내리기 시작하는 것은 11월 말경입니다.)
(5) 漢字(かんじ)はいつごろから日本(にほん)で使(つか)われ始(はじ)めましたか。
　　(한자는 언제부터 일본에서 사용되기 시작했습니까?)

동작이나 상태의 개시(시작)를 나타내는 복합동사에는「**~始(はじ)める**」이외에「**~出(だ)す**」도 있어 미묘한 의미의 차이를 무시하면 다음과 같이 서로 바꿔 쓸 수 있는 경우가

---
5) 李成圭(2018c)『일본어 구어역 마가복음의 언어학적 분석Ⅰ』시간의물레. pp.252-267에서 인용.

많다. 그리고 시간상에 관계하는 경우, 자동사「~×はじまる」「~×でる」는 사용되지 않는다.

(6) 兄(あに)はたばこを{吸(す)いはじめた / 吸(す)い出(だ)した}。
    (형은 담배를 피우기 시작했다.)
(7) あの人(ひと)が{話(はな)しはじめる / 話(はな)し出(だ)す}と長(なが)いですよね。
    (그 사람이 이야기하기 시작하면 길어요. 그렇죠.)
(8) この本(ほん)は面白(おもしろ)くて、{読(よ)み始(はじ)める / 読(よ)み出(だ)す}とやめられません。
    (이 책은 재미있어서 읽기 시작하면 그만둘 수가 없습니다.)

「~始める」와「~出す」는 상호 치환이 가능한 경우도 많지만 양자 사이에는 다음과 같은 차이점이 있다.

「**~始める**」는「개시 → 지속 → 종료」라는 일련의 과정 중에서 제 1단계라는 의미를 나타내고,「**~出す**」는「갑자기 예기치 않은 새로운 사태가 발생하다」고 하는 의미를 나타낸다. 따라서 선행하는 동사의 의미나 문맥에 따라서는 어느 한 쪽의 용법이 용인되지 않거나 어색한 경우가 생긴다.

(9) 急(きゅう)に雨(あめ)が{? 降(ふ)り始(はじ)めた / 降(ふ)り出(だ)した}。
    (갑자기 비가 내리기 시작했습니다.)
(10) 今(いま)すぐ行(い)きますから、みなさん先(さき)に{食(た)べ始(はじ)めて / ? 食(た)べ出(だ)して}いてください。
    (지금 곧 갈 테니 여러 분들 먼저 식사를 시작하고 있으세요.)

그리고「개시 → 지속 → 종료」라는 과정이 확실치 않은 동사, 예를 들어「泣(な)く ; 울다」「笑(わら)う ; 웃다」「怒(おこ)る ; 화나다」「あわてる ; 당황하다」와 같은 감정을 나타내는 동사에는 「~始める」는 잘 쓰이지 않고「**~出す**」쪽이 자연스럽다.

(11) 彼女(かのじょ)は突然(とつぜん)笑(わら)い出(だ)してしまって、止(と)まらないんです。
    (그녀는 갑자기 웃기 시작하더니 멈추지 않는 거예요.)
(12) 女(おんな)の子(こ)は、彼(かれ)の顔(かお)を見(み)て、わっと泣(な)き出(だ)した。
    (여자아이는 그의 얼굴을 보고 '와' 하고 울기 시작했다.)

(13) それを聞(き)いて、彼(かれ)は急(きゅう)に慌(あわ)て出(だ)して、落(お)ち着(つ)かなくなりました。
(그것을 듣고 그는 갑자기 당황하기 시작하더니 어찌할 바를 몰랐습니다.)

7.2.「～かかる」

「~かかる」는 주로 **순간동사**에 접속되어 전체를 **계속동사**로 바꾸는 기능을 하는데 한국어로는 ①「막(마침) ~하다」, ②「바야흐로 ~하다」에 대응하는 경우가 많다. 이때의「~かかる」는「~かける」와 호환성이 있고, 일본어로는「~しようとする」「~しそうになる」와 치환 관계에 있다.

(1) 小鳥(ことり)が窓(まど)から部屋(へや)に{入(はい)りかかった / 入(はい)りかけた}が、すぐ飛(と)び去(さ)った。
(작은 새가 창을 통해 방으로 막 들어오려다가 금방 날아가 버렸다.)
(2) {沈(しず)みかかった / 沈(しず)みかけた}船(ふね)から、乗客(じょうきゃく)たちが次々(つぎつぎ)とボートに乗(の)り移(うつ)った。
(막 가라앉으려는 배에서 승객들이 계속해서 보트에 옮겨 탔다.)
(3) 私(わたし)は、交通事故(こうつうじこ)で{死(し)にかかった / 死(し)にかけた}んですが、幸(さいわい)にこのように元気(げんき)になりました。
(나는 교통사고로 거의 죽을 뻔했습니다만, 다행히 이와 같이 건강해졌습니다.)
(4) やっと風邪(かぜ)が治(なお)りかかったのに、また引(ひ)きなおしたらしい。
(겨우 감기가 나은 것 같았는데, 다시 걸린 것 같다.)
(5) これはもう壊(こわ)れかかっていますね、新(あたら)しいのを買(か)いましょう。
(이것은 이제 고장 나려고 하는군요. 새 것을 삽시다.)
(6) このページが切(き)れかかっているね。直(なお)しておいたほうがいいね。
(이 페이지가 찢어질 것 같군요. 고쳐 두는 게 좋겠군.)

7.3.「～終(お)わる / ～終(お)える」

◇「終わる(본동사) ; 자동사 / 타동사」

본동사「**終(お)わる**」는 원래는 자동사인데 최근에는 **타동사 용법**도 생겨 타동사인「**終(お)える**」의 영역을 침식하고 있다.

(1) 英語(えいご)の授業(じゅぎょう)が終(お)わると、次(つぎ)は給食(きゅうしょく)の時間(じかん)です。
　　(영어 수업이 끝나면 다음은 급식 시간입니다.)
(2) これで、運動会(うんどうかい)についてのお知(し)らせを終(お)わります。
　　(이것으로 운동회에 관한 안내 말씀을 끝내겠습니다.)

◇ 「~終わる / ~終える ; 복합동사의 후항동사」

「~終(お)わる」는 「동사의 연용형」에 접속되어 쓰이면 한국어의 「다 / 전부 ~하다」와 같이 동작의 종료나 완료를 나타내는데 한국어와는 어순이 달라지니 주의한다.

원래의 타동사인 「~終(お)える」도 「~終わる」와 마찬가지로 동작의 종료를 나타낸다. 현재는 「~終わる」 쪽이 더 많이 쓰이는 경향이 있는데, 앞에 오는 동사가 타동사인 경우, 「終える」를 쓰면 어감이 강조된다.

(3) 全員(ぜんいん)走(はし)り終(お)わりました。
　　(전원 다 달렸습니다.)
(4) この家(いえ)のローンを払(はら)い終(お)わるのは、20年先(にじゅうねんさき)ですよ。
　　(이 집의 융자를 다 갚는 것은 20년 후 일입니다.)
(5) ご飯(はん)を食(た)べ終(お)わったら、テーブルを片付(かたづ)けてください。
　　(밥을 다 먹으면 테이블을 치워 주세요.)
(6) 塗(ぬ)り終(お)えたら、よく乾(かわ)かします。
　　(칠을 다하고 나서는 잘 말립니다.)
(7) そのトンネルは数十年(すうじゅうねん)かかって、やっと掘(ほ)り終(お)えました。
　　(그 터널은 수십 년 걸려서 겨우 다 뚫었습니다.)
(8) このカメラは撮(と)り終(お)えると、フィルムが自動的(じどうてき)に巻(ま)き戻(もど)れます。
　　(이 카메라는 다 찍으면 필름이 자동적으로 감깁니다.)

7.4. 「~続(つづ)ける」

「~続(つづ)ける」는 동사 연용형에 접속되어 쓰이면 「계속(해서) ~하다」의 뜻을 나타낸다. 즉 「~続(つづ)ける」는 복합동사의 후항동사(後項動詞)로 쓰이면 **동작·상태**의 지속을 나타낸다.

(1) 円(えん)が上(あ)がり続(つづ)ける。
    (엔이 계속 오르다.)
(2) 雨(あめ)が降(ふ)り続(つづ)ける。
    (비가 계속 오다.)
(3) 一日中(いちにちじゅう)歩(ある)き続(つづ)けて、疲(つか)れた。
    (하루 종일 계속해서 걸었더니 피곤하다.)
(4) 探(さが)し続(つづ)けていた本(ほん)が見(み)つかりました。
    (계속해서 찾고 있었던 책을 찾았습니다.)

그리고 자동사 「~続(つづ)く」는 「雨(あめ)が降(ふ)り続(つづ)く ; 비가 계속 내리다」와 같은 경우를 제외하고는 통상 사용되지 않는다.

7.5. 「~上(あ)がる / ~上(あ)げる」

본동사 「上(あ)がる」는 ①아래쪽에서 위쪽으로의 이동이라고 하는 구체적, 공간적 위치의 이동을 나타내거나 ②지위·태세·가치·정도 등이 높아진다고 하는 추상적인 의미, ③ 또는 그 결과로서 사물의 완료라고 하는 의미를 나타낸다. 이러한 본동사로서의 의미는 복합동사의 후항동사(後項動詞)에도 반영된다.

「~上(あ)がる」는 복합동사의 후항동사로 쓰이면 ①「아주 ~하다 / 완전히 ~하다」와 같이 앞의 동사의 정도를 높이거나 강하게 하는 기능을 하기도 하고, ②「다 ~하다 / ~이 끝나다」와 같이 동작·상태의 완료를 나타내기도 한다. 같은 유형의 복합동사의 예를 들면 다음과 같다.

(1) 父親(ちちおや)が珍(めずら)しく大声(おおごえ)を出(だ)すと、生意気盛(なまいきざか)りの息子(むすこ)が縮(ちぢ)み上(あ)がった。
    (아버지가 모처럼 만에 큰 소리를 치자, 한창 뭐가 뭔지 모르고 건방을 떨고 있던 아들은 몹시 두려운 듯 움츠러들었다.)
(2) 白昼(はくちゅう)、住宅街(じゅうたくがい)で撃(う)ち合(あ)いがあり、市民(しみん)は震(ふる)え上(あ)がった。
    (대낮에 주택가에서 총격전이 벌어져 시민들은 부들부들 떨었다.)
(3) 期限(きげん)までに注文(ちゅうもん)の品(しな)が仕上(しあ)がるかどうか心配(しんぱい)しているんです。
    (기한까지 주문한 물건이 다 완성될지 어떨지 걱정하고 있습니다.)

(4) これ、たった今(いま)焼(や)き上(あ)がったパンです。おいしそうでしょう。
   (이거 지금 막 구운 빵입니다. 맛있게 보이지요?)

(5) 出来(でき)た布地(ぬのじ)を見(み)て、やっと自分(じぶん)の考(かんが)えていた色(いろ)が染(そ)め上(あ)がったと、彼(かれ)は満足(まんぞく)した。
   (완성된 천을 보고 이제야 자기가 생각하고 있었던 것으로 염색이 다 되었다고 그는 만족했다.)

(6) われわれのチームは、Bグループで勝(か)ち上(あ)がってきた大阪代表(おおさかだいひょう)チームと対戦(たいせん)することになった。
   (우리들 팀은 B그룹에서 이기고 올라온 오사카 대표팀과 대전하게 되었다.)

◇ 「~上(あ)げる」

「~上(あ)げる」는 복합동사의 후항동사로 쓰이면 전항동사의 정도를 높이거나 강조하게 하는 기능을 하기도 하고 동작·상태의 완료를 나타내기도 하는데 한국어로는 「끝까지 ~하다 / 다 ~하다 / ~해내다」에 해당한다. 같은 유형의 복합동사의 예를 들면 다음과 같다.

(1) つやつやと磨(みが)き上(あ)げた廊下(ろうか)は、歩(ある)くのが恐(こわ)いほどだった。
   (반들반들 윤이 나게 닦은 복도는 걷는 것이 무서울 정도였다.)

(2) 彼女(かのじょ)は、立(た)ち話(ばなし)を切(き)り上(あ)げたいらしく、そわそわ目(め)を周囲(しゅうい)に走(はし)らせた。
   (그녀는 길에 서서 하는 이야기를 일단락 짓고 싶은 듯, 불안한 표정으로 주위를 두리번거렸다.)

(3) 論文(ろんぶん)は、今週中(こんしゅうちゅう)に仕上(しあ)げる予定(よてい)にしているんです。
   (논문은 이번 주 내로 마무리 지을 예정으로 있습니다.)

(4) 私(わたし)は、自分(じぶん)の書(か)き上(あ)げた論文(ろんぶん)に自信(じしん)と満足(まんぞく)とを持(も)っていた。
   (나는 내가 다 쓴 논문에 자신과 만족을 가지고 있었다.)

(5) 祖父(そふ)が一代(いちだい)で築(きず)き上(あ)げた会社(かいしゃ)を、中年(ちゅうねん)にさしかかった父(ちち)がつぶしてしまった。
   (할아버지가 한 평생 쌓아올린 회사를 중년에 접어든 아버지가 파산시키고 말았다.)

(6) 素人(しろうと)がこれだけの家(いえ)を作(つく)り上(あ)げたとは、たいしたもんだ。
   (아마추어가 이 정도의 집을 다 만들다니 대단하군.)

(7) いつもは一晩(ひとばん)で織(お)り上(あ)げるのに音(おと)は次(つぎ)の日(ひ)もまだやみません。
   (여느 때는 하룻밤에 다 짜는데 오토는 다음 날도 아직 그치지 않습니다.)

7.6. 「~過(す)ぎる」

「**過(す)ぎる**」는 본동사로 쓰일 때는 ①「지나가다」, ②「(시간·기간 등이) 지나다」, ③「(수준·정도를) 넘다/지나치다」 등의 실질적인 의미를 나타낸다. 복합동사의 후항동사 즉 접미사적인 보조동사로 쓰일 경우에는 「너무 (많이) ~하다」, 「지나치게 ~하다」와 같은 문법적인 의미를 나타낸다.

「**~過(す)ぎる**」는 형용사와 형용동사의 경우에는 어간에 접속되고, 동사에는 연용형에 접속된다. 「~すぎる」는 형용사, 형용동사, 동사에 접속되어 쓰이는 등 생산성이 상당히 높은데, 한국어와는 어순이 다르니 주의를 요한다. 즉, 일본어를 한국어로 번역할 경우에는 별 문제가 없으나, 한국어를 일본어로 옮길 경우에는 모국어 간섭으로 인하여 「너무 (많이) / 지나치게 ~하다」를 「~すぎる」로 대응시키기가 쉽지 않다.

◇ 「형용사의 어간+すぎる」

よい / いい	→	よすぎる(너무 좋다)
悪(わる)い	→	悪(わる)すぎる(너무 나쁘다)
高(たか)い	→	高(たか)すぎる(너무 높다)
低(ひく)い	→	低(ひく)すぎる(너무 낮다)
大(おお)きい	→	大(おお)きすぎる(너무 크다)
小(ちい)さい	→	小(ちい)さすぎる(너무 작다)
長(なが)い	→	長(なが)すぎる(너무 길다)
短(みじか)い	→	短(みじか)すぎる(너무 짧다)
早(はや)い	→	早(はや)すぎる(너무 이르다)
遅(おそ)い	→	遅(おそ)すぎる(너무 늦다)
狭(せま)い	→	狭(せま)すぎる(너무 좁다)
広(ひろ)い	→	広(ひろ)すぎる(너무 넓다)
遠(とお)い	→	遠(とお)すぎる(너무 멀다)
忙(いそが)しい	→	忙(いそが)しすぎる(너무 바쁘다)

(1) 人間(にんげん)、よすぎるのは、かえってよくないです。
    (사람은 너무 좋은 것도 오히려 좋지 않습니다.)

(2) 値段(ねだん)が高(たか)すぎましたら、買(か)いませんでした。
    (가격이 너무 비싸서 사지 않았습니다.)

(3) 部屋(へや)が狭(せま)すぎます。ほかのを見(み)に行(い)きましょうか。

(방이 너무 좁습니다. 다른 것을 보러 갈까요.)

(4) 髪(かみ)の毛(け)が長(なが)すぎるから、短(みじか)めに刈(か)ってください。
(머리가 너무 기니까 좀 짧게 잘라 주세요.)

(5) 家賃(やちん)は安(やす)くて、いいですが、駅(えき)からちょっと遠(とお)すぎますね。
(집세는 싸고 좋은데, 역에서 좀 너무 머네요.)

(6) 暇(ひま)なのもよくないが、忙(いそが)しすぎるのも体(からだ)に毒(どく)です。
(한가한 것도 좋지 않지만, 너무 바쁜 것도 몸에 안 좋습니다.)

◇ 「형용동사 + すぎる」

十分(じゅうぶん)だ → 十分(じゅうぶん)すぎる(지나치게 충분하다)
親切(しんせつ)だ → 親切(しんせつ)すぎる(너무 친절하다)
静(しず)かだ → 静(しず)かすぎる(너무 조용하다)

(7a) 課長(かちょう)、これでいいですか。
(과장님, 이렇게 하면 되겠습니까?)

(7b) 十分(じゅうぶん)だよ。いや、十分(じゅうぶん)すぎるよ。
(충분해. 아니, 지나칠 정도로 충분해.)

(8) 田中(たなか)さんは女性(じょせい)に親切(しんせつ)すぎるから、相手(あいて)が誤解(ごかい)します。
(다나카 씨는 여성에게 지나치게 친절해서 상대가 오해합니다.)

(9) ここは静(しず)かすぎますね。幽霊(ゆうれい)でも出(で)るんじゃないですか。
(여기는 너무 조용하군요. 유령이라도 나오지 않습니까?)

◇ 「동사 + すぎる」

言(い)う   → 言(い)いすぎる(너무 심하게 말하다)
吸(す)う   → 吸(す)いすぎる(너무 많이 피우다)
遊(あそ)ぶ   → 遊(あそ)びすぎる(너무 많이 놀다)
飲(の)む   → 飲(の)みすぎる(과음하다)
読(よ)む   → 読(よ)みすぎる(너무 많이 읽다)
ある   → ありすぎる(너무 많다)
かかる   → かかりすぎる(너무 걸리다)
太(ふと)る   → 太(ふと)りすぎる(너무 살찌다)
やる   → やりすぎる(너무 심하다)

見(み)る　　　　　　→　見(み)すぎる(너무 많이 보다)
考(かんが)える　　　→　考(かんが)えすぎる(너무 많이 생각하다)
食(た)べる　　　　　→　食(た)べすぎる(과식하다)
乗(の)せる　　　　　→　乗(の)せすぎる(너무 많이 태우다)
寝(ね)る　　　　　　→　寝(ね)すぎる(너무 많이 자다)
心配(しんぱい)する　→　心配(しんぱい)しすぎる(너무 많이 걱정하다)
来(く)る　　　　　　→　来(き)すぎる(너무 많이 오다)

(10) ごめんなさい。きのうは、わたしがちょっと言(い)いすぎました。
　　　(미안해요. 어제는 제가 좀 말이 과했습니다.)
(11) 今日(きょう)の作文(さくぶん)には間違(まちが)いがありすぎますね。どうかしたんですか。
　　　(오늘 작문에는 틀린 것이 너무 많군요. 어떻게 된 거예요?)
(12) バスでは時間(じかん)がかかりすぎます。
　　　(버스로는 시간이 너무 많이 걸립니다.)
(13) 飲(の)みすぎるのも、食(た)べすぎるのも、一種(いっしゅ)の病気(びょうき)ですよ。
　　　(너무 많이 마시는 것도, 너무 많이 먹는 것도 일종의 병이에요.)
(14) 二日酔(ふつかよ)いですか。きのう飲(の)みすぎたでしょう。
　　　(숙취입니까? 어제 과음했지요?)
(15) これ以上(いじょう)ものを入(い)れたら、荷物(にもつ)が重(おも)くなりすぎちゃいますよ。
　　　(더 이상 물건을 넣으면, 짐이 너무 무거워져요.)
(16) あなたはつまらないことを考(かんが)えすぎるから、やせるんですよ。
　　　(당신은 쓸데없는 일을 너무 많이 생각해서 마르는 것이에요.)
(17) 学生(がくせい)が金(かね)稼(かせ)ぎのために、アルバイトをしすぎるのは、よくありません。
　　　(대학생이 돈벌이 때문에 아르바이트를 너무 많이 하는 것은 좋지 않습니다.)
(18) お母(かあ)さん、心配(しんぱい)しすぎると、髪(かみ)が白(しろ)くなってしまいますよ。
　　　(어머니, 너무 많이 걱정하면 머리가 희어져요.)
(19) 早(はや)く来(き)すぎてしまいましたね。また誰(だれ)もいませんね。
　　　(좀 너무 일찍 와 버렸군요. 아직 아무도 없네요.)

7.7. 「～直(なお)す」

「直(なお)す」는 본동사로 쓰일 때는 「고치다」의 뜻을 나타내지만, 「~直(なお)す」와 같이 복합동사의 후항동사로 쓰이면 한국어로는 「다시 ~하다」와 같이 어순이 달라지니 주의한다.

(1) ここが汚(よご)れています。洗(あら)い直(なお)してください。
    (여기가 더럽습니다. 다시 빨아 주세요.)
(2) 何度(なんど)も書(か)き直(なお)したので、紙(かみ)が黒(くろ)くなってしまいました。
    (몇 번이나 다시 써서 종이가 시커멓게 되고 말았습니다.)
(3) 今(いま)電話(でんわ)したら話(はな)し中(ちゅう)だったので、またあとでかけ直(なお)してみます。
    (지금 전화했더니 통화 중이어서 나중에 다시 걸어 보겠습니다.)
(4) 家(いえ)も古(ふる)くなったし、家族(かぞく)も増(ふ)えたので、この際(さい)、新(あたら)しく建(た)て直(なお)すことにしました。
    (집도 오래되었고 가족도 늘어서 이번에 새로 다시 짓기로 했습니다.)
(5) もう一度(いちど)見直(みなお)してから、先生(せんせい)に出(だ)しました。
    (또 한 번 다시 보고 나서 선생님에게 제출했습니다.)

7.8. 「~合(あ)う」

「~合(あ)う」는 동사의 연용형에 접속하여 「둘 이상의 주체가 서로 같은 동작·작용을 나누어 가지는」 것을 나타내는데 한국어로는 「서로(같이) ~하다」에 해당한다. 「~合う」에 의한 복합동사는 생산성이 높아 「付(つ)き合(あ)う ; 사귀다」와 같이 「~合う」 형태로 고정된 것을 제외하고는 사전에 일일이 등재되어 있지 않다.

(1) そのことはみんなで話(はな)し合(あ)って決(き)めたほうがいいと思(おも)います。
    (그 일은 서로 다 같이 이야기해서 결정하는 것이 좋을 것 같습니다.)
(2) 新入社員(しんにゅうしゃいん)四人(よにん)と誘(さそ)い合(あ)って十四日(じゅうよっか)まで伊豆(いず)で遊(あそ)ぶことにした。
    (신입사원 네 명이 서로 이야기해서 14일까지 이즈에서 놀기로 했다.)
(3) みんなで少(すこ)しずつお金(かね)を出(だ)し合(あ)って、コーヒーポットを買(か)った。
    (서로 다들 조금씩 돈을 내서 커피포트를 샀다.)
(4) 田中(たなか)さんは、向(む)かい合(あ)って座(すわ)っている美人(びじん)をそれとなく見(み)ていた。
    (다나카 씨는 서로 마주보며 앉아 있는 미인을 살며시 보고 있었다.)
(5) どんなきっかけであの二人(ふたり)が知(し)り合(あ)ったのか、すごく興味(きょうみ)がありますわ。

(어떤 계기로 그 두 사람이 서로 알게 되었는지 무척 흥미가 있어요.)

(6a) なにやらあそこで二人(ふたり)の男(おとこ)が言(い)い合(あ)っていますね。
(무엇인지 저곳에서 두 남자가 언쟁하고 있군요.)

(6b) そうですね。いがみ合(あ)ってるみたいですね。
(그렇군요. 서로 으르렁대고 있는 것 같군요.)

(7a) あ、殴(なぐ)り合(あ)い出(だ)しましたよ。
(아, 서로 때리기 시작했어요.)

(7b) あ、本当(ほんとう)だ。ちょっと見(み)に行(い)きましょう。
(아, 정말이네. 좀 보러 가요.)

(8) あの人(ひと)たち、本心(ほんしん)は引(ひ)かれ合(あ)っているのに、わざと無関心(むかんしん)を装(よそお)っていますね。
(저 사람들 본심은 서로 끌려 있으면서도 일부러 무관심을 가장하고 있군요.)

(9) 合格(ごうかく)発表(はっぴょう)の掲示板(けいじばん)に自分(じぶん)の番号(ばんごう)を見(み)つけて、彼(かれ)は友達(ともだち)と抱(だ)き合(あ)って喜(よろこ)びました。
(합격 발표 게시판에 자기 번호를 발견하고, 그는 친구와 서로 얼싸안고 기뻐했습니다.)

(10) 世(よ)の中(なか)、お互(たが)いに言葉(ことば)をかけ合(あ)い、笑顔(えがお)を向(む)け合(あ)い、助(たす)け合(あ)わなければいけません。
(세상은 서로 말을 주고받고, 서로 웃는 얼굴을 보이고, 서로 도와야 합니다.)

(11) 高倉(たかくら)さん、お互(たが)いに気持(きも)ちが通(かよ)い合(あ)う人(ひと)がいるということは、恵(めぐ)まれたことですよ。
(다카쿠라 씨, 서로 기분이 통하는 사람이 있다고 하는 것은 복 받은 일이에요.)

(12) 口角(こうかく)泡(あわ)を飛(と)ばして世(よ)の趨勢(すうせい)を論(ろん)じ合(あ)った、学生(がくせい)のころが懐(なつ)かしく思(おも)い出(だ)されます。
(입에 거품을 물고 시대의 추세에 대해 서로 격렬하게 논쟁했던 학생 때가 그리워집니다.)

(13) この間(あいだ)の件(けん)は上司(じょうし)と話(はな)し合(あ)った結果(けっか)、今回(こんかい)の取引(とりひき)は白紙(はくし)に戻(もど)すことになりました。
(요전의 일은 상사와 이야기를 나눈 결과, 이번 거래는 백지로 돌리기로 했습니다.)

(14) 同(おな)じ文化(ぶんか)、同(おな)じ言語(げんご)を共有(きょうゆう)する二人(ふたり)でさえ、理解(りかい)し合(あ)うのは容易(ようい)なことではありません。
(동일 문화, 동일 언어를 공유하는 두 사람조차도 서로 이해하는 것은 용이한 일이 아닙니다.)

(15) 「最近(さいきん)の若(わか)い者(もの)は地下鉄(ちかてつ)に乗(の)っていても譲(ゆず)り合

(あ)うことを知(し)らない。」と言(い)う人(ひと)がいるが、そういう人に限(かぎ)って座(すわ)るのが当(あ)たり前(まえ)と思(おも)っている人が多(おお)いようだ。
('요즘 젊은이는 지하철에 타도 서로 양보하는 것을 모른다' 고 하는 사람이 있는데, 그런 사람에 한해서 앉는 것이 당연하다고 생각하고 있는 사람이 많은 것 같다.)

「~合う」의 복합동사 중에는 전항동사와 후항동사의 결합이 강해 그 전체가 하나의 동사로 인식되어 사전에 각각 하나의 표제어로 실려 있는 것도 있다.

(16) よく言(い)われることわざがある。「袖(そで)触(ふ)れ合(あ)うも他生(たしょう)の縁(えん)」
(종종 일컬어지는 말해지는 속담이 있다. '소매가 서로 스치는 것도 전생의 인연이다 <사소한 일도 모두 전생의 인연으로 말미암은 것이다>')

(17) ちょっと取(と)っつきにくいけど、付(つ)きあってみると、いい人(ひと)だよ。
(좀 접근하기 어렵지만, 사귀어 보면 좋은 사람이야.)

(18) 私(わたし)が心配(しんぱい)して注意(ちゅうい)したのに、彼(かれ)はまったく取(と)り合(あ)ってくれなかった。
(내가 걱정해서 주의를 해주었는데, 그는 전혀 상대해 주지 않았다.)

(19) あの二人(ふたり)はちょうど釣(つ)り合(あ)っていると思(おも)う。結婚(けっこん)したらうまくいくんじゃないですか。
(그 두 사람은 잘 어울린다고 생각해. 결혼하면 잘될 것 같지 않습니까?)

7.9. 「~かねる」

「~かねる」는 동사의 연용형에 접속되어 쓰이면 「~하기 어렵다 / ~할 수 없다」와 같은 뜻을 나타낸다. 주로 정중하고 부드럽게 거절할 때 많이 사용한다.

(1) そのことは、わたくしの一存(いちぞん)では決(き)めかねます。
(그 일은 저 혼자만의 생각으로는 결정할 수 없습니다.)

(2) それ以上(いじょう)のことは、わたしの口(くち)からは申(もう)しかねます。
(그 이상의 일은 제 입으로는 말씀드리기 어렵습니다.)

(3) そんなに多(おお)くの仕事(しごと)をたった二日(ふつか)ではいたしかねます。
(그렇게 많은 일을 단 이틀만으로는 할 수가 없습니다.)

(4) その点(てん)に関(かん)しましては即答(そくとう)いたしかねますので、後日(ごじつ)改(あら)めまして……。
(그 점에 대해서는 즉답을 드리기 어려우니 후일 다시 말씀드리겠습니다.)

◇ 「~かねない」

「**~かねない**」와 같이 부정 형태로 쓰이면 「~할지도 모르다」「~않는다고 할 수 없다」의 뜻을 나타낸다.

(1) あの調子(ちょうし)ではやりかねない。
(저 상태로는 일을 저지를 것 같다.)

(2) 死(し)ねと言(い)われれば死(し)にかねない。
(죽으라고 하면 죽을지도 모른다.)

(3) このまま放置(ほうち)すると命取(いのちと)りになりかねません。
(이 상태로 방치하면 죽을지도 모릅니다.)

(4) はっきり断(ことわ)らないと、遠慮(えんりょ)していると取(と)られかねません。
(확실히 거절하지 않으면, 사양하고 있는 것으로 받아들일지 모릅니다.)

(5) あの人(ひと)のことですから、社長(しゃちょう)に文句(もんく)を言(い)うぐらいのことはしかねません。
(그 사람이라면 사장님에게 불만을 말할지도 모릅니다.)

7.10. 「~切(き)れる」

「**~切(き)れる**」는 복합동사의 후항요소로 쓰이면 동작 자체의 종결보다도 수량적인 종결을 나타내는 경우가 많다. 그리고 주로 「**~切(き)れない**」와 같이 부정 형태로 쓰여 「수량이 너무 많아 전부 할 수 없다」고 하는 불가능의 의미를 나타내는 경우가 많다.

(1) 図書館(としょかん)からそんなに借(か)りてきて、一週間(いっしゅうかん)で読(よ)み切(き)れるのかい。
(도서관에서 그렇게 많이 빌려 와서 일주일 만에 다 읽을 수 있어?)

(2) あの蛇(へび)のような男(おとこ)から、逃(に)げ切(き)れると思(おも)っているんですか。
(그 뱀과 같은 남자로부터 도망칠 수 있다고 생각합니까?)

(3) 二千(にせん)もの漢字(かんじ)を二年(にねん)で覚(おぼ)え切(き)れるでしょうか。
(2천이나 되는 한자를 2년에 다 외울 수 있을까?)

(4) すごくいいところだが、ここから会社(かいしゃ)までは遠(とお)くてとても通(かよ)い切(き)れない。
(꽤 좋은 데지만 여기서 회사까지는 멀어서 도저히 다닐 수 없다.)

(5) こんなにたくさんいただいて、一人(ひとり)では食(た)べ切(き)れません。
(이렇게 많은 음식을 혼자서는 다 먹을 수 없습니다.)

(6) 子供(こども)たちは、いつも干(ほ)し切(き)れないほどにたくさん洗濯物(せんたくもの)を出(だ)すんです。
　　(아이들은 항상 다 말릴 수 없을 정도로 많은 세탁물을 내놓습니다.)

(7) こんなに両手(りょうて)で持(も)ち切(き)れないほど、何(なに)を買(か)って来(き)たんですか。
　　(이렇게 양손으로 들 수 없을 정도로 무엇을 사 왔습니까?)

(8) 朝(あさ)のラッシュ時(じ)には、電車(でんしゃ)に乗(の)り切(き)れないで残(のこ)る人(ひと)がいつもいる。
　　(아침 러시아워 시간에는 전철에 다 타지 못하고 남는 사람이 늘 있다.)

(9) あまりスピードを出(だ)しすぎていたので、カーブを十分(じゅうぶん)に曲(ま)がり切(き)れなかったんでしょう。
　　(너무 속도를 많이 내는 바람에 커브를 충분히 돌지 못했지요?)

(10) あの人(ひと)は変(か)わっていて、勝手(かって)なところがあるでしょ。私(わたし)には付(つ)き合(あ)い切(き)れませんね。
　　(그 사람은 별나서 자기 멋대로 하는 데가 있어요. 저는 도저히 사귈 수가 없어요.)

7.11. 「~切(き)る」

「**~切(き)る**」는 동사의 연용형에 접속되어 복합동사의 후항동사로 쓰이면, ①「다 ~해내다」「끝까지 ~하다」와 같은 종결·완결의 의미를 나타내는데, 동작 자체의 종결보다도 **수량적인 종결**을 의미하는 경우가 많다. 이러한 용법에서 ②「완전히 / 충분히 ~하다」「몹시 ~하다」와 같은 의미를 파생시킨다. 이 용법에서는 「弱(よわ)り切(き)る」와 같이 **무의지성 상태**임을 나타내는 경우가 많다.

(1) 雪(ゆき)の中(なか)を歩(ある)いたので、すっかり体(からだ)が冷(ひ)え切(き)ってしまった。
　　(눈 속을 걸어왔더니, 완전히 몸이 꽁꽁 얼었다.)

(2) 彼(かれ)は、見知(みし)れぬ土地(とち)で道(みち)に迷(まよ)い、困(こま)り切(き)って交番(こうばん)に駆(か)け込(こ)んだ。
　　(그는 낯선 지방에서 길을 잃고 아주 곤경에 빠지자 파출소로 뛰어들었다.)

(3) この鉄橋(てっきょう)を列車(れっしゃ)がどのくらいの時間(じかん)で渡(わた)り切(き)るか計(はか)ってごらん。
　　(이 철교를 열차가 어느 정도 시간에 다 건너는지 재 보렴.)

(4) 彼(かれ)は、不運(ふうん)にも持(も)てる力(ちから)を発揮(はっき)し切(き)らないうちに負(ま)けてしまった。
　　(그는 불운하게도 가지고 있는 힘을 다 발휘하기 전에 지고 말았다.)

(5) ほらほら、車(くるま)が完全(かんぜん)に止(と)まり切(き)らないうちに、ドアを開(あ)けたらだめだよ。
(이것 봐, 차가 완전히 다 멈추기 전에 문을 열면 안 돼.)

(6) 子供(こども)たちは、勇(いさ)んで富士(ふじ)登山(とざん)に出(で)かけたが、夕方(ゆうがた)疲(つか)れ切(き)って帰(かえ)って来(き)た。
(아이들은 용기를 내서 후지산 등산에 나갔지만, 저녁 때 녹초가 되어 돌아왔다.)

7.12. 「~まくる」

동사의 연용형에 「**~まくる**」가 접속되어 쓰이면 「마구(심하게) ~하다」「계속 ~해 대다」와 같은 뜻을 나타낸다.

(1) 田中(たなか)さんは、「結婚(けっこん)して」と迫(せ)まる斉藤(さいとう)さんから逃(に)げまくっている。
(다나카 씨는 「결혼해 줘요」라고 보채는 사이토 씨로부터 계속 도망쳐 다니고 있다.)

(2) 軽自動車(けいじどうしゃ)に抜(ぬ)かれたダンプカーはその車を地(ち)の果(は)てまで追(お)いまくった。
(경차에게 추월을 당한 덤프차는 그 차를 (땅) 끝까지 계속 쫓아갔다.)

(3) 一夜漬(いちやづ)けの得意(とくい)な鈴木(すずき)さんは試験(しけん)前夜(ぜんや)あんちょこをノートに書(か)きまくる。
(벼락치기를 잘 하는 스즈키 씨는 시험 전날 밤, 간이 참고서 내용을 노트에 마구 써 댄다.)

(4) 相手(あいて)に向(む)かって、勝手(かって)気(き)ままにしゃべりまくるのは対話(たいわ)とは言(い)いません。
(상대방에게 제멋대로 일방적으로 마구 말하는 것은 대화라고는 하지 않습니다.)

(5) 田中(たなか)さん、課長(かちょう)がいないのをいいことにそんなに食(た)べまくるなんて、お腹(なか)をこわしますよ。
(다나카 씨, 과장님이 없는 것을 기화로 해서 그렇게 마구 먹어대다가는 배탈이 나요.)

(6) 人間(にんげん)がバイソンやシカの類(たぐい)を殺(ころ)しまくった結果(けっか)、餌(えさ)のなくなったオオカミが家畜(かちく)を襲(おそ)うようになった。
(인류가 들소랑 사슴 종류를 마구 죽인 결과, 먹이가 없어진 이리가 가축을 습격하게 되었다.)

7.13.「～抜(ぬ)ける」

「**～抜(ぬ)ける**」는 복합동사의 후항요소로 쓰이면「좁은 공간이나 장애 속을 통과하다」의 뜻을 나타낸다.

   (1) この狭(せま)い道(みち)を通(とお)り抜(ぬ)けると、バイパス6)に出(で)ます。
       (이 좁은 길을 빠져나가면 바이패스가 나옵니다.)
   (2) この公園(こうえん)の中(なか)を通(とお)り抜(ぬ)けて行(い)くと、近道(ちかみち)なんですよ。
       (이 공원 안을 빠져 지나가면 지름길이에요 .)
   (3) 賑(にぎ)やかな商店街(しょうてんがい)を通(とお)り抜(ぬ)けると、大通(おおどお)りが開(ひら)けてきます。
       (번화한 상점가를 빠져 지나가면 큰길이 나옵니다.)

◇ 「通(とお)りすぎる」와「通(とお)り越(こ)す」

「**通(とお)りぬける**」와 의미적으로 근접한 복합동사로는「**通(とお)りすぎる**」와「**通(とお)り越(こ)す**」가 있다.「通りすぎる」는 한국어의「지나가다, 통과해 가다」에 해당하는 말로, 이때의「~すぎる(過ぎる)」는「어떤 지점을 지나 앞으로 가다 / 통과하다」의 뜻을 나타낸다.

   (1) 考(かんが)えながら歩(ある)いていたら、自分(じぶん)の家(いえ)を通(とお)りすぎてしまった。
       (생각하면서 걷다 보니, 자기 집을 지나쳐 버렸다.)
   (2) 列車(れっしゃ)は、広々(ひろびろ)とした田園地帯(でんえんちたい)を通(とお)りすぎて、今(いま)は山間(さんかん)を走(はし)っています。
       (열차는 넓디넓은 전원지대를 통과해서 지금은 산골짜기를 달리고 있습니다.)
   (3) 二(ふた)つ目(め)の十字路(じゅうじろ)を通(とお)りすぎると、そこから一方通行(いっぽうつうこう)ですから、気(き)をつけてください。
       (두 번째 네거리를 지나면 거기부터 일방통행이니 조심하세요.)

그리고「通り越(こ)す」는「通りすぎる」와 마찬가지로「지나쳐 가다 / 통과하다」의 뜻을 나타내는 경우와「(어떤 상황을) 넘기다」의 뜻을 나타내는 경우가 있다.「**~越(こ)す**」는「어떤 한계가 되는 대상이나 지점을 지나 앞으로 가다」의 뜻을 나타낸다.

   (4) 電車(でんしゃ)の車掌(しゃしょう)のことばが分(わ)からなかったので、下(お)りるところを通(とお)り越(こ)してしまった。

---

6) [by-pass]교통난을 완화하기 위한 우회도로.

(열차 차장의 말을 이해하지 못해서 내릴 곳을 지나쳐 버렸다.)

(5) お酒(さけ)を飲(の)むのはいいけど、帰(かえ)りに乗(の)り越(こ)して、終点(しゅうてん)まで行(い)ったりしないでくださいよ。
(술을 마시는 것은 좋지만, 돌아갈 때 내릴 데를 지나쳐 버리지 않도록 하세요.)

(6) 問題(もんだい)はもう議論(ぎろん)の段階(だんかい)を通(とお)り越(こ)した。
(문제는 이미 토론의 단계를 넘어섰다.)

7.14. 「~歩(ある)く」

「食(た)べ歩(ある)く」는 「食べる(먹다)」의 연용형에 「歩く」가 결합한 복합동사로서 한국어로는 「먹으면서 돌아다니다」에 해당한다. 일본어는 2개의 동사를 연결해서 하나의 동사로 만드는 복합동사가 발달되어 있는데 어휘에 따라 사전에 일일이 등재되어 있지 않는 예도 많다. 복합동사는 전항동사(前項動詞)와 후항동사(後項動詞)의 의미관계에 따라 여러 가지 유형으로 분류할 수 있는데, 「食べ歩く」는 앞뒤 동사가 대등한 관계로 결합하여 본래의 어휘적 의미를 유지하고 있는 예이다.

(1) 食(た)べ歩(ある)くことが、わたしの趣味(しゅみ)になりました。
(음식을 먹으면서 돌아다니는 것이 제 취미가 되었습니다.)

(2) 夜(よる)は危(あぶ)ないから、一人(ひとり)で出歩(である)かないほうがいいです。
(밤에는 위험하니까 혼자서 돌아다니지 않는 게 좋습니다.)

(3) 彼(かれ)は職(しょく)を探(さが)して毎日(まいにち)毎日(まいにち)飛(と)び歩(ある)いています。
(그는 직장을 찾아 매일 이리저리 뛰어다니고 있습니다.)

(4) 彼(かれ)はどういうわけか、最近(さいきん)毎日(まいにち)飲(の)み歩(ある)いています。
(그는 무슨 까닭인지 요즘 매일 이 집 저 집 술을 마시며 다니고 있습니다.)

(5) 彼女(かのじょ)は絵(え)を描(か)くために、全国(ぜんこく)を転々(てんてん)と渡(わた)り歩(ある)いています。
(그녀는 그림을 그리기 위해 전국을 전전하며 떠돌아다니고 있습니다.)

(6) 私(わたし)も若(わか)い時(とき)は、あっちこっち雇(やと)われて流(なが)れ歩(ある)いていました。
(저도 젊을 때는 이곳저곳에서 고용살이를 하면서 떠돌아다니곤 했습니다.)

(7) 最近(さいきん)の新聞記者(しんぶんきしゃ)はみんなコンピューターを持(も)ち歩(ある)いています。
(요즘 신문기자는 다들 컴퓨터를 들고 다니고 있습니다.)

8. 명사적 용법

동사의 연용형은 **전성명사(転成名詞)**가 되거나 또는 명사의 자격으로 쓰일 수 있다.

(1) 願(ねが)う(부탁하다)　　　→ 願(ねが)い(부탁)
　　泳(およ)ぐ(수영하다)　　　→ 泳(およ)ぎ(수영)
　　話(はな)す(말하다)　　　　→ 話(はな)し(이야기)
　　休(やす)む(쉬다)　　　　　→ 休(やす)み(휴식, 휴가, 휴일)
　　帰(かえ)る(돌아가다)　　　→ 帰(かえ)り(귀가)
　　光(ひか)る(빛나다)　　　　→ 光(ひかり)(빛)
　　考(かんが)える(생각하다)　→ 考(かんが)え(생각)
　　見送(みおく)る(배웅하다)　→ 見送(みおく)り(배웅)
　　出迎(でむか)える(마중하다)→ 出迎(でむか)え(마중)
　　受(う)け付(つ)ける(접수하다)→ 受(う)け付(つ)け(접수)
　　取(と)り替(か)える(교환하다)→ 取(と)り替(か)え(교환)
　　取(と)り消(け)す(취소하다)→ 取(と)り消(け)し(취소)
　　受(う)け取(と)る(받다)　　→ 受取(うけと)り(수령, 영수)

그리고 동사의 연용형은 복합명사의 구성요소가 될 수 있다.

(2) 買(か)い ＋ もの　　→ 買(か)い物(もの)(쇼핑)
　　飲(の)み ＋ もの　　→ 飲(の)み物(もの)(음료)
　　食(た)べ ＋ もの　　→ 食(た)べ物(もの)(음식)
　　履(は)き ＋ もの　　→ 履物(はきもの)(신발)
　　編(あ)み ＋ もの　　→ 編物(あみもの)(편물)
　　早(はや) ＋ 起(お)き → 早起(はやお)き(일찍 일어나는 것)

제3장 동사의 음편형(音便形)

「押(お)す」「話(はな)す」와 같은 「サ行 5단동사」를 제외하고, 5단동사의 연용형에 접속조사 「~て」, 조동사 「~た」, 접속조사 「~たり」 등이 접속할 때는 발음의 변화가 일어나는데 이를 「**음편(音便；おんびん)**」이라고 한다. 동사의 「**음편형(音便形；おんびんけい)**」에는 「**イ音便(いおんびん)**」, 「**促音便(そくおんびん)**」, 「**撥音便(はつおんびん)**」의 세 종류가 있다.

동사의 종류	기본형	정중형 ~ます	음편형 ~テ	음편형 ~タ	음편형 ~タリ	음편의 종류
5단동사	書(か)く (쓰다)	書(か)きます (씁니다)	書(か)いて (쓰고)	書いた (썼다)	書いたり (쓰거나)	促音便
	急(いそ)ぐ (서두르다)	急(いそ)ぎます (서두릅니다)	急(いそ)いで (서두르고)	急いだ (서둘렀다)	急いだり (서두르거나)	イ音便
	行(い)く (가다)	行(い)きます (갑니다)	行(い)って (가고)	行った (갔다)	行ったり (가거나)	イ音便
	洗(あら)う (씻다)	洗(あら)います (씻습니다)	洗(あら)って (씻고)	洗った (씻었다)	洗ったり (씻거나)	
	持(も)つ (들다)	持(も)ちます (듭니다)	持(も)って (들고)	持った (들었다)	持ったり (들거나)	
	入(はい)る (들어오다)	入(はい)ります (들어옵니다)	入(はい)って (들어오고)	入った (들어왔다)	入ったり (들어오거나)	
5단동사	死(し)ぬ (죽다)	死(し)にます (죽습니다)	死(し)んで (죽고)	死んだ (죽었다)	死んだり (죽거나)	撥音便
	飛(と)ぶ (날다)	飛(と)びます (납니다)	飛(と)んで (날고)	飛んだ (날았다)	飛んだり (날거나)	
	飲(の)む (마시다)	飲(の)みます (마십니다)	飲(の)んで (마시고)	飲んだ (마셨다)	飲んだり (마시거나)	
	押(お)す (밀다)	押(お)します (밉니다)	押(お)して (밀고)	押した (밀었다)	押したり (누르거나)	無音便
1단동사	見(み)る (보다)	見(み)ます (봅니다)	見(み)て (보고)	見た (보았다)	見たり (보거나)	
	寝(ね)る (자다)	寝(ね)ます (잡니다)	寝(ね)て (죽고)	寝た (잤다)	寝たり (자거나)	
불규칙동사	する (하다)	します (합니다)	して (하고)	した (했다)	したり (하거나)	
	来(く)る (오다)	来(き)ます (옵니다)	来(き)て (오고)	来た (왔다)	来たり (오거나)	

1. 동사의 「テ形」

접속조사 「~て」는 동사나 형용사에 접속하여 앞뒤 두 성분을 연결시켜 주는 기능을 하는데 동사의 연용형(5단동사에는 음편형)에 연결된 형태를 「テ形」 또는 「**접속형(接続形)**」이라고 한다.

◇ 「テ形」

「~て」는 두 개 이상의 어구나 문을 연결하는 것이 기본적인 기능인데 앞뒤 두 문의 의미적 관계에 따라 「**テ形**」에는 다음과 같은 용법이 있다.

1.1. 순차동작(順次動作)

순차동작은 동사의 「テ形」의 기본적인 용법으로 하나의 동작이 끝나고 연이어 다음 동작이 계속되는 것을 나타내는데 「~してから、する(~하고 나서, ~한다)」에 상당하는 의미를 나타낸다.

(1) 会社(かいしゃ)は朝(あさ)八時(はちじ)に始(はじ)まって、夕方(ゆうがた)五時頃(ごじごろ)終(お)わります。
    (회사는 아침 8시에 시작되어 저녁 5시경 끝납니다.)
(2) テレビを見(み)て、お風呂(ふろ)に入(はい)って、それから寝(ね)ます。
    (텔레비전을 보고 목욕을 하고 그리고 잡니다.)
(3) 毎朝(まいあさ)7時(しちじ)に起(お)きて、歯(は)を磨(みが)いて、顔(かお)を洗(あら)って、朝御飯(あさごはん)を食(た)べて、それから八時頃(はちじごろ)、家(いえ)を出(で)ます。
    (매일 아침 7시에 일어나서 이를 닦고 세수를 하고 아침밥을 먹고, 그리고 8시경에 집을 나옵니다.)

1.2. 동작의 공존(動作의 共存)

두 개의 동작이 상호 **공존관계**에 있음을 나타낸다.

(1) よく寝(ね)て、よく働(はたら)きます。
    (잘 자고 일 잘합니다.)

(2) 働(はたら)くときはよく働(はたら)いて、遊(あそ)ぶときはよく遊(あそ)びます。
　　(일할 때는 열심히 일하고, 놀 때는 잘 놉니다.)

1.3. 병행동작(並行動作)

두 개의 동작이 병행해서 이루어지는 것, **병행동작**을 의미하는데 한국어로는 「~한 상태에서 ~하다」에 해당하는 뜻을 나타낸다.

(1) 鏡(かがみ)を見(み)て髭(ひげ)を剃(そ)ります。
　　(거울을 보며 면도합니다.)
(2) 料理(りょうり)の本(ほん)を見(み)て、カレーを作(つく)っています。
　　(요리책을 보며 카레라이스를 만들고 있습니다.)

1.4. 「その時(とき)から ; 그때부터」의 의미를 나타내는 경우

(1) 日本(にほん)に来(き)て、何年(なんねん)になりますか。
　　(일본에 온지 몇 년이 됩니까?)
(2) 大学(だいがく)を出(で)て、三年目(さんねんめ)に結婚(けっこん)しました。
　　(대학을 나오고 3년째 되는 해에 결혼했습니다.)

1.5. 수단·방법(手段·方法)

「テ形」은 한국어의 「~해서」와 같이 앞의 문이 뒤의 문의 **수단·방법**을 나타내는 경우가 있다. 이때 「명사+を~して」의 표현을 「명사+で」와 같이 치환할 수 있다.

(1) 手紙(てがみ)を書(か)いて、知(し)らせます。[=手紙(てがみ)で]
　　(편지를 써서 알립니다.) [편지로]
(2) 地下鉄(ちかてつ)の駅(えき)まで歩(ある)いて十分(じゅっぷん)ぐらいかかります。[=徒歩(とほ)で]
　　(지하철역까지 걸어서 10분 정도 걸립니다.) [도보로]

1.6. 원인·이유(原因·理由)

「テ形」이 한국어의「~ 때문에」「~해서」와 같이 전문(前文)이 후속문의 원인이나 이유를 나타내는 경우가 있다. 단,「テ形」에 의한 원인·이유는「~ので」나「~から」에 비해 인과관계(因果關係)가 약하기 때문에 후속문의 술어에는 주어의 적극적인 의지를 나타내는 표현은 오지 못하고 〈전문의 결과, 자연히 그렇게 된다 / 또는 그렇게 느끼다〉고 하는 내용이 온다.

(1) 車(くるま)が故障(こしょう)して、歩(ある)いてきました。
　　(차가 고장 나서 걸어서 왔습니다.)
(2) 彼(かれ)は無理(むり)をして、病気(びょうき)になりました。
　　(그는 무리를 해서 병에 걸렸습니다.)
(3) 雨(あめ)が降(ふ)って、遠足(えんそく)は中止(ちゅうし)になりました。
　　(비가 와서 소풍은 중지되었습니다.)

1.7. 역접(逆接)

그리고「テ形」은 다음과 같은 관용적 표현에서「**역접(逆接)**」을 나타낸다.

(1) 見(み)て見(み)ぬふりをする。
　　(보고도 못 본 척한다.)
(2) 一日(いちにち)10時間(じゅうじかん)働(はたら)いて疲(つか)れないとは大(たい)したものですね。
　　(하루에 10시간 일하고도 피곤하지 않다니 대단하군요.)

1.8. 부사법(副詞法)

동사의「テ形」이 **부사법**으로 쓰이는 예를 들면 다음과 같다.

(1) 今(いま)から、すぐ飛(と)んで行(い)きますから。
　　(지금부터 뛰어 갈 테니까.)
(2) そのことなら、喜(よろこ)んで、お手伝(てつだ)いします。
　　(그런 일이라면 기꺼이 도와 드리겠습니다.)
(3) 彼(かれ)はいつも進(すす)んで、人(ひと)がいやがる仕事(しごと)を引(ひ)き受(う)けます。
　　(그는 언제나 자진해서 남이 싫어하는 일을 떠맡습니다.)

(4) 彼女(かのじょ)は失敗(しっぱい)すると、決(き)まって、人(ひと)のせいにするから、いやだな。
    (그녀는 실패하면 으레 남의 탓으로 돌리니까 싫어.)

2. 순차동작 ; 「~てから」

「~てから」는 접속조사 「~て」에 기점을 나타내는 「~から」가 접속된 복합조사로 동사의 연용형(5단 동사에는 음편형)에 접속되어 「~하고 나서」, 「~한 다음」, 「~한 지」와 같은 **순차동작(順次動作)**의 의미를 나타낸다.

(1) 手(て)をきれいに洗(あら)ってから、食事(しょくじ)をしましょう。
    (손을 깨끗이 씻은 다음, 식사를 합시다.)
(2) コンビニでコーヒーとパンを買(か)ってから、会社(かいしゃ)に向(む)かいます。
    (편의점에서 커피와 빵을 산 다음, 회사에 갑니다.)
(3) 彼女(かのじょ)と付(つ)き合ってから、もう三年(さんねん)になります。
    (그녀와 사귄 지 벌써 3년이 됩니다.)
(4) 必(かなら)ず歯(は)を磨(みが)いてから、寝(ね)ましょう。
    (반드시 이를 닦고 나서 잡시다.)
(5) 帽子(ぼうし)を脱(ぬ)いでから、部屋(へや)に入(はい)りましょう。
    (모자를 벗고 나서, 방에 들어갑시다.)
(6) これから田中(たなか)さんのお見舞(みま)いに行(い)ってから、会社(かいしゃ)に戻(もど)ります。
    (지금부터 다나카 씨 병문안을 하고 나서, 회사에 돌아가겠습니다.)
(7) 食事(しょくじ)をした後(あと)、コーヒーを飲(の)んでから、仕事(しごと)を始(はじ)めます。
    (식사를 한 다음, 커피를 마시고 나서, 일을 시작합니다.)
(8) 普通(ふつう)の人(ひと)は朝(あさ)起(お)きてから、顔(かお)を洗(あら)います。
    (보통 사람들은 아침에 일어나서, 세수를 합니다.)
(9) わたしは毎日(まいにち)、天気予報(てんきよほう)を見(み)てから、家(うち)を出(で)ます。
    (저는 매일 일기예보를 보고 나서, 집을 나옵니다.)
(10) みなさん、お昼(ひる)を食(た)べてから、仕事(しごと)を続(つづ)けましょうか。
    (여러분, 점심을 먹고 나서, 일을 계속할까요?)
(11) 大学(だいがく)を卒業(そつぎょう)してから、何(なに)をするつもりですか。
    (대학을 졸업한 다음 무엇을 할 생각입니까?)

(12) 十分(じゅうぶん)検討(けんとう)してから、お電話(でんわ)します。
    (충분히 검토하고 나서, 전화하겠습니다.)

3. 역접(逆接) ; 「〜ても」

「〜ても」는 동사의 연용형(5단 동사에는 음편형)에 접속되어 역접(逆接)의 뜻을 나타낸다.

(1) あなたがやめても、問題(もんだい)は解決(かいけつ)できません。
    (당신이 그만둬도 문제는 해결 안 됩니다.)
(2) この球場(きゅうじょう)は、雨(あめ)が降(ふ)っても、試合(しあい)ができます。
    (이 구장은 비가 내려도 시합을 할 수 있습니다.)
(3) 今(いま)から走(はし)って行(い)っても、終電(しゅうでん)には間(ま)に合(あ)いません。
    (지금부터 달려가도 마지막 전철은 탈 수 없습니다.)

◇ 「〜ても」;「〜(해)도」(접속조사)

 [1] 접속

「〜ても」는 다음과 같이 **동사의 연용형**(5단동사에는 음편형), 형용사의 연용형, 형용동사의 어간, 명사술어 등에 접속되어 한국어의 「〜(해)도 / 〜(어)도」에 해당하는 뜻을 나타낸다.

술어의 종류	기본형	「〜ても」
동사	言(い)う	言(い)っても
	急(いそ)ぐ	急(いそ)いでも
	飲(の)む	飲(の)んでも
형용사	痛(いた)い	痛(いた)くても
형용동사	いやだ	いやでも
명사술어	〜じゃない	〜じゃなくても

 [2] 의미·용법

〈1〉 역접의 가정조건

어떤 일을 가정하여 보통 그런 조건 하에서는 그와 같은 일은 일어나지 않을 것이라고 생각했던 일이 기대와는 달리 일어나는 경우에 쓴다.

(1) 日本(にほん)と言(い)っても、韓国(かんこく)とほとんど同(おな)じですよ。
　　　(일본이라고 해도 한국과 거의 똑같아요.)

(2) どんなに急(いそ)いでも、もう、間(ま)に合(あ)いません。
　　　(아무리 서둘러도 이제 늦었어요.)

(3) その薬(くすり)は飲(の)んでも、すぐにはききませんよ。
　　　(그 약은 먹어도 금방은 듣지 않아요.)

(4) 少(すこ)しぐらい痛(いた)くても、泣(な)いたりしてはだめですよ。
　　　(약간 아픈 것 가지고 울거나 해서는 안 돼요.)

(5a) もし値段(ねだん)が高(たか)ければどうしますか。
　　　(만일 가격이 비싸면 어떻게 하겠습니까?)

(5b) ええ、高くても買(か)います。
　　　(네, 비싸도 사겠습니다.)

(6a) もし場所(ばしょ)が遠(とお)ければどうしますか。
　　　(만일 장소가 멀면 어떻게 하겠습니까?)

(6b) ええ、遠(とお)くても歩(ある)いて行(い)きます。
　　　(네, 멀어도 걸어서 가겠습니다.)

(7a) もし誰(だれ)も来(こ)なければ、その時(とき)はどうしますか。
　　　(만일 아무도 안 오면 그 때는 어떻게 하겠습니까?)

(7b) ええ、誰(だれ)も来(こ)なくても一人(ひとり)で行(い)きます。
　　　(네, 아무도 안 와도 혼자서 가겠습니다.)

(8) いくらいやでも、今度(こんど)の仕事(しごと)はしなければならない。
　　　(아무리 싫어도 이번 일을 해야 한다.)

(9) 高(たか)いものじゃなくても、心(こころ)のこもったものをあげれば喜(よろこ)ばれる。
　　　(비싼 것이 아니더라도 정성이 들어간 것을 주면 기뻐한다.)

〈2〉 역접의 확정조건

앞 문장의 내용에서 생각했을 때 당연히 예상되는 일과 반대되는 일이 일어났을 경우에 쓴다.

(10) 働(はたら)いても働(はたら)いても、生活(せいかつ)が楽(らく)になりません。
　　　(아무리 일을 해도 생활이 편해지지 않습니다.)

(11) いくら泣(な)いて頼(たの)んでも、これだけは許(ゆる)しません。
　　　(아무리 울며 부탁해도 이것만은 승낙할 수 없습니다.)

(12) ぼくなんかいくら努力(どりょく)しても、だめですよ。
   (나 같은 사람은 아무리 노력해도 소용없어요.)
(13) 仕事(しごと)が忙(いそが)しかったので、具合(ぐあい)が悪(わる)くても休(やす)めませんでした。
   (일이 바빠서 몸이 안 좋아도 쉴 수 없었습니다.)
(14) いくら便利(べんり)でも、そんなに高(たか)いものは買(か)えません。
   (아무리 편리해도 그렇게 비싼 것은 살 수 없습니다.)
(15) あの二人(ふたり)はお金(かね)がなくても、幸(しあわ)せでした。
   (그 두 사람은 돈이 없어도 행복했습니다.)

◇ 「~たって / ~だって」

「~ても」의 구어체 말씨로는 「~たって」(~하더라도 / ~해봤자)가 쓰이는데, 「~たって」가 「急ぐ」「飲む」「呼ぶ」 등의 5단동사에 접속될 때는 「急(いそ)いだって」「飲(の)んだって」「呼(よ)んだって」와 같이 「~だって」가 된다. 그리고 「~たって / ~だって」는 「~ても / ~でも」와 마찬가지로 형용사에는 연용형에, 형용동사에는 어간에 접속된다.

(1) どんなに急(いそ)いだって、もう、間(ま)に合(あ)わない。
   (아무리 서둘러도 이제 시간에 댈 수 없다.)
(2) そんなに古(ふる)くなった薬(くすり)はいくら飲(の)んだって、効(き)かないでしょう。
   (그렇게 오래된 약은 아무리 먹어도 듣지 않아요.)
(3) ぼくなんかいくら努力(どりょく)したって、だめですよ。
   (나 같은 사람은 아무리 노력해도 소용없어요.)
(4) 悲(かな)しくたって、泣(な)いてばかりしてはいけない。
   (슬퍼도 울고 있기만 해서는 안 된다.)
(5) いくら便利(べんり)だって、そんなに高(たか)いものは買(か)えない。
   (아무리 편리해도 그렇게 비싼 것은 살 수 없다.)

그리고 「~ても / ~でも」의 문어적인 말씨에는 「~とも/~ども」가 쓰인다.

(6) 行(ゆ)かなくともよい。
   (가지 않아도 된다.)
(7) 遅(おそ)くとも十時(じゅうじ)までには帰(かえ)る。
   (늦어도 열 시까지는 돌아온다.)

(8) 行(い)けども行(い)けども目的地(もくてきち)につかない。
    (아무리 가도 목적지에 도착하지 못하다.)

◇ 「~と言(い)いましても」;「~라고 해도」

「**~と言(い)いましても**」는 「~と言(い)っても(~라고 해도)」의 정중체이다. 그리고 「~と言(い)いましても」보다 정중하게 표현할 경우는 「~と申(もう)しましても」와 같이 「言う」의 정중어인 「申す」를 이용한다. 정중한 회화체에서는 「~て」형보다는 「~まして」형이 많이 쓰인다.

(1) 紹介(しょうかい)してあげると言(い)いましても、ただでは難(むずか)しいですよ。
    (소개해 준다고 해도 그냥은 어려워요.)
(2) 五階(ごかい)と言(い)いましても、エレベーターがないので、上(のぼ)り下(くだ)りが大変(たいへん)です。
    (5층이라고 해도 엘리베이터가 없어서 올라갔다 내려갔다 하는 것이 힘듭니다.)
(3) 初級(しょきゅう)の本(ほん)と言(い)いましても、内容(ないよう)がピンからきりまでいろいろあります。
    (초급 책이라고 해도 내용이 쉬운 것부터 어려운 것까지 천차만별입니다.)
(4) 会合(かいごう)と言(い)いましても、そんなに重要(じゅうよう)な話(はな)し合(あ)いをするような大(おお)げさなところじゃないんですよ。
    (모임이라고 해도 별로 중요한 이야기를 하는 그런 엄청난 데가 아니에요.)
(5) 誤解(ごかい)があったようですね。当社(とうしゃ)は年俸制(ねんぽうせい)と申(もう)しましても、対象(たいしょう)は役職(やくしょく)以上(いじょう)の人(ひと)なんですから。
    (오해가 있었던 것 같군요. 당사는 연봉제라고 해도 대상은 임원 이상의 사람이니까요.)

4. 보조동사(補助動詞)

일본어도 한국어와 마찬가지로 본동사가 접속조사 「~て」를 매개로 하여 「연용형(음편형)＋て＋보조동사」로 쓰이면, 본래의 구체적이고 실질적인 의미가 희박해지고 문법적인 의미를 나타낸다. 이것을 「**보조동사(補助動詞；ほじょどうし)**」라고 하는데 이 중에서 대표적인 것을 제시하면 위와 같다.

「~ている」「~てある」는 동사의 **어스펙트(Aspect)**에서, 「~てやる」「~てくれる」「~てもらう」는 **수수표현**에서 다루기로 한다.

본동사(本動詞)	보조동사(補助動詞)
池(いけ)のそばに犬(いぬ)がいる。 (연못 옆에 개가 있다.)	今(いま)手紙(てがみ)を書(か)いている。 (지금 편지를 쓰고 있다.)
	窓(まど)が開(あ)いている。 (창문이 열려 있다.)
ここに財布(さいふ)がある。 (여기에 지갑이 있다.)	窓(まど)が開(あ)けてある。 (창문이 열려 있다.)
机(つくえ)の上(うえ)に本(ほん)を置(お)く。 (책상 위에 책을 두다)	窓(まど)を開(あ)けておく。 (창문을 열어 두다.)
家(いえ)で野球(やきゅう)中継(ちゅうけい)を見(み)る。 (집에서 야구중계를 보다.)	もう一度(いちど)考(かんが)えてみる。 (다시 한 번 생각해 보겠다.)
着物(きもの)をタンスにしまう。 (옷을 옷장에 치우다.)	料理(りょうり)を一人(ひとり)で食(た)べてしまう。 (요리를 혼자서 먹어 치우다.)
国(くに)から両親(りょうしん)が来(き)た。 (고향에서 부모님이 왔다.)	空(そら)が明(あか)るくなってきた。 (하늘이 밝아졌다.)
彼(かれ)はさっき行(い)った。 (그는 아까 갔다.)	明(あ)かりがしだいに消(き)えていった。 (불이 차츰 꺼져 갔다.)
弟(おとうと)にお菓子(かし)をやる。 (동생에게 과자를 주다.)	弟(おとうと)に日本語(にほんご)を教(おし)えてやる。 (동생에게 일본어를 가르쳐 주다.)
友(とも)だちが辞書(じしょ)をくれる。 (친구가 사전을 주다.)	友(とも)だちが日本語(にほんご)を教(おし)えてくれる。 (친구가 일본어를 가르쳐 주다.)
友(とも)だちに辞書(じしょ)をもらう。 (친구에게 사전을 받다.)	友(とも)だちに日本語(にほんご)を教(おし)えてもらう。 (친구가 일본어를 가르쳐 주다.)

4.1.「～ておく」

4.1.1.「置(お)く」(본동사)

「**置(お)く**」는 본동사로 쓰이면 사물이나 사람을 어떤 위치나 상태에「두다·놓다·고정시키다」와 같은 뜻을 나타낸다.

(1) 書類(しょるい)をテーブルの上(うえ)に置(お)く。
    (서류를 테이블 위에 두다.)
(2) 荷物(にもつ)をここに置(お)いてください。
    (짐을 여기에 두세요.)
(3) 子供(こども)を一人(ひとり)家(うち)に置(お)いて出(で)かけるのは危(あぶ)ないです。
    (아이를 혼자 집에 두고 나가는 것은 위험합니다.)

4.1.2. 「～ておく」(보조동사)

「～ておく」는 「書(か)く」「入(い)れる」 등의 **설치동사(設置動詞)**나 「言(い)う」「調(しら)べる」 등의 **처치동사(処置動詞)**와 같이 쓰여 「~해 두다 / ~해 놓다」의 뜻을 나타내는데, 「～ておく」의 의미・용법을 살펴보면 다음과 같다.

[1] 준비 ; 어떤 목적을 위해 미리 어떤 일을 해 두는 것을 나타내는 경우

(1) 週末(しゅうまつ)に映画(えいが)を見(み)ようと思(おも)うなら、前売(まえう)り券(けん)を買(か)っておかないと、見(み)られないかもしれません。
　　(주말에 영화를 볼 생각이라면 예매권을 사 두지 않으면 못 볼 지도 모릅니다.)

(2) 李(イー)さんの住所(じゅうしょ)を忘(わす)れないように、手帳(てちょう)に書(か)いておきます。
　　(이승민 씨 주소를 잊어버리지 않도록 수첩에 적어 둡니다.)

(3) ハンカチと定期券(ていきけん)と財布(さいふ)はここに置(お)いておきます。
　　(손수건하고 정기권하고 지갑은 여기에 놓아두겠습니다.)

(4) 彼(かれ)にはよく話(はな)しておきます。
　　(그에게 잘 이야기해 두겠습니다.)

(5) この問題(もんだい)を次(つぎ)の授業(じゅぎょう)までに考(かんが)えておいてください。
　　(이 문제를 다음 수업 시간까지 생각해 보세요.)

(6) 暑(あつ)いと思(おも)って、部屋(へや)にクーラーを入(い)れておきました。
　　(덥다고 생각해서 방에 에어컨을 켜 놓았습니다.)

(7) 会議(かいぎ)では自分(じぶん)の意見(いけん)をまとめておかないと、恥(はじ)をかきます。
　　(회의에서는 자기 의견을 정리해서 말하지 않으면 창피를 당합니다.)

(8) 午後(ごご)5時(ごじ)からの会議(かいぎ)は長引(ながび)きそうだから、何(なに)か軽(かる)く食(た)べておきましょう。
　　(오후 5시부터 시작하는 회의는 오래 끌 것 같으니 뭔가 가볍게 먹어 둡시다.)

(9) 連休(れんきゅう)できっと混(こ)んでいるから、ホテルを予約(よやく)しておきます。
　　(연휴로 틀림없이 붐빌 테니까 호텔을 예약해 두겠습니다.)

(10) 田中(たなか)さんと現地(げんち)に行(い)って、どういうところか下見(したみ)しておきます。
　　(다나카 씨와 현지에 가서 어떤 데인지 사전에 조사해 두겠습니다.)

(11) この仕事(しごと)に関(かん)する資料(しりょう)はこちらで用意(ようい)しておきます。
　　(이 일에 관한 자료는 이쪽에서 준비해 두겠습니다.)

[2] 유지 ; 이미 어떤 상태에 있는 것을 그대로 지속시키는 경우.

(1) 夕(ゆう)べは暑(あつ)かったので、一晩中(ひとばんじゅう)窓(まど)を開(あ)けておきました。
(어젯밤은 더워서 밤새 창을 열어 놓았습니다.)

(2) 出(で)かける時(とき)は、鍵(かぎ)をかけておいたほうがいいですよ。
(나갈 때는 자물쇠를 채워 놓는 것이 좋아요.)

(3) ナマモノですから、冷蔵庫(れいぞうこ)に入(い)れておいてください。
(날 것이니까 냉장고에 넣어 두세요.)

(4) 佐藤(さとう)さん、この箱(はこ)は外(そと)に出(だ)しておいてもいいんですか。
(사토 씨 이 상자는 밖에 내놓아도 좋습니까?)

◇ 「~てある」와 「~ておく」

「~てある」가 「동작의 완료」나 「준비」를 나타내는 때는 「~ておく」와 의미상 상당히 근접하게 되어 한국어로 구별이 안 되는 경우가 있다.

(1a) 食事(しょくじ)をもう用意(ようい)してあります。
(식사를 이미 준비해 두었습니다.)

(1b) 食事をもう用意しておきました。
(식사를 이미 준비해 두었습니다.)

(2a) そのことなら、もうみんなに言(い)ってあります。
(그 일이라면 이미 다 말해 놓았습니다.)

(2b) そのことなら、もうみんなに言(い)っておきました。
(그 일이라면 이미 다 말해 놓았습니다.)

「~てある」는 행위의 결과가 이미 존재하고 있음을 나타내고 이에 대해 「~ておく」는 미래에 대한 동작주의 의지적 행위임을 나타낸다는 점이 다르다. 그리고 「~ておく」가 현재형으로 쓰일 때는 미래에 관한 행위이기 때문에 이때는 「~てある」와 대응하지 않는다.

(3a) それでは、私(わたし)は食事(しょくじ)の用意(ようい)をしておきます。
(그러면, 저는 식사 준비해 두겠습니다.)

(3b) × それでは、私は食事の用意をしてあります。

◇ 「타동사＋てない」; 「~해 두지 않다(준비)」

「決める ; 정하다」와 같은 타동사에 「~**てある**」가 접속되면 결과의 상태, 준비 등의 의미를 나타내는데 「**타동사＋てない**」는 「**타동사＋てある**」의 부정이다.

(1) 切符(きっぷ)をまだ買(か)ってない。
    (표를 아직 사 두지 않았다.)
(2) まだ決(き)めてない。買(か)い物(もの)に行(い)ってから考(かんが)える。
    (아직 정하지 않았다. 장을 보고 나서 생각하겠다.)
(3) 何(なん)の連絡(れんらく)もなかったので、宿(やど)の手配(てはい)をしてなかった。
    (아무런 연락도 없어 숙소를 준비해 두지 않았다.)
(4) 帰(かえ)りが遅(おそ)くなると言(い)っていたので、食事(しょくじ)の用意(ようい)をしてなかった。
    (늦게 돌아온다고 해서 식사 준비를 해두지 않았다.)

4.2. 「~ていく / ~てくる」

「学(まな)んでいくと、とても面白(おもしろ)くなってきますよ」는 「배우면 무척 재미있어요」의 뜻으로 이때 「学(まな)んでいく」는 앞으로 공부해 가는 것을 의미하며 「面白(おもしろ)くなってくる」는 재미있는 상태로 된다고 하는 의미를 나타낸다. 「行く」「来る」가 「**~ていく**」「**~てくる**」와 같이 **보조동사**로 쓰이면 추상적이고 문법적인 의미를 나타내는데, 용법에 따라서는 한국어로 직접적인 대응을 하지 않는 경우도 있다.

[1] 본동사로 쓰이는 「来る」「行く」

「**来る**」「**行く**」가 **본동사**로 쓰일 때는 보통 단독으로 쓰이지만, 「~て来る / ~て行く」와 같이 다른 동사와 같이 쓰일 경우에도 본래의 의미를 유지하고 있는 경우가 있다. 이때 「~て来る」「~て行く」 앞에 오는 동사는 이동시의 방법이나 이동하기 전의 상태, 또는 이동 중의 상태를 나타낸다.

(1) 家(いえ)からここまで、ずっと走(はし)って来(き)たので、疲(つか)れちゃった。
    (집에서 여기까지 죽 달려와서 피곤하다.)
(2) 男(おとこ)は、あちらを向(む)くと、どんどん歩(ある)いて行(い)った。
    (남자는 저쪽을 향하자 터벅터벅 걸어갔다.)

(3) 国(くに)から叔父(おじ)が出(で)て来(き)て、2晩(ふたばん)泊(と)まって行(い)ったんです。
(고향에서 아저씨가 와서 이틀 밤 묵고 갔습니다.)

[2] 보조동사로 쓰이는 「くる」「いく」

「くる」「いく」가 보조동사로 쓰일 때는 「~てくる」는 어떤 현상이 물리적·심리적으로 말하는 사람의 영역에 도달하는 것을 의미하고,「~ていく」는 그 반대를 나타낸다. 〈4〉의 「출현 과정」이나 〈5〉의 「변화 과정」은 한국어로는 이에 적합한 대응어를 찾기가 어려우니 주의한다.

〈1〉 행위 주체 자신이 이동하는 것이 아니고 상대에게 영향을 미치는 것을 나타내는데, 이때는 「~てくる」만이 쓰인다.

(1) 旅行会社(りょこうがいしゃ)から旅行案内書(りょこうあんないしょ)を送(おく)ってきた。
(여행회사에서 여행 안내서를 보내왔다.)
(2) あの人(ひと)は私(わたし)が店(みせ)にいると、よく声(こえ)をかけてくるんですよ。
(그 사람은 내가 가게에 있으면 자주 말을 걸어와요.)

〈2〉 「~てくる」는 어떤 현상이나 작용이 공간을 통해 말하는 사람의 영역에 이르는 것을 나타내고 「~ていく」는 그 반대를 나타낸다.

(3) 隣(となり)からすごいいびきが聞(き)こえてきて、全然(ぜんぜん)眠(ねむ)れなかった。
(옆집에서 코고는 소리가 크게 들려와서 전혀 자지 못했다.)
(4) 子供(こども)は、池(いけ)に石(いし)を投(な)げては、波紋(はもん)がしだいに広(ひろ)がっていくのを興味深(きょうみぶか)そうに見(み)ている。
(아이는 연못에 돌을 던지고는 동그라미가 점차 커져 가는 것을 흥미 있게 보고 있다.)

〈3〉 「~てくる」는 시간적으로 어떤 동작이나 현상이 현재까지 계속되고 있음을 나타내고, 「~ていく」는 현재에서 미래로 일이 진행되어 가는 것을 나타낸다.(계속)

(5) こんなやさしい問題(もんだい)ができないなんて、一体(いったい)、今(いま)まで何(なに)を勉強(べんきょう)してきたんだ。
(이렇게 쉬운 문제를 못 풀다니 도대체 지금까지 뭘 공부해 왔어?)
(6) これから、私(わたし)たった一人(ひとり)で生(い)きてゆけって言(い)うんですか。

(이제부터 저 혼자서 살아가라는 말입니까?)

〈4〉「~てくる」가「降(ふ)る ; 내리다」「生(う)まれる ; 태어나다」「晴(は)れる ; 개다」「日(ひ)が出(で)る ; 해가 나오다」 등의 무의지 동사와 같이 쓰이면, 어떤 사태의 출현과정을 나타낸다.(출현과정)

(7) 雨(あめ)が降(ふ)ってきたから、外(そと)へ行(い)くのはやめます。
　　(비가 내리기 시작했으니 밖에 가는 것은 그만두겠습니다.)
(8a) 富士山(ふじさん)はまだ見(み)えませんか。
　　(후지산은 아직 안 보입니까?)
(8b) すぐ見(み)えてきます。
　　(곧 보이기 시작할 겁니다.)
(9) 朝(あさ)六時(ろくじ)になると、となりのアパートからラジオの音(おと)が聞(き)こえてくるんです。
　　(아침 6시가 되면 옆집에서 라디오 소리가 들리기 시작합니다.)
(10) 言葉(ことば)は生活(せいかつ)の中(なか)から生(う)まれてきます。
　　(말은 생활 속에서 나옵니다.)

〈5〉 시간의 경과와 더불어 어떤 상태에서 다른 상태로 변화되어 가는 것을 나타내는데, 앞에는 무의지성 동사가 온다. 「~てくる」는 과거에서 현재로, 「~ていく」는 현재에서 미래로의 변화를 나타낸다.(변화의 과정) 이 경우에는 말하는 사람의 입장, 혹은 시점에 따라 「くる」와「いく」중 어느 쪽이 쓰일지가 정해진다.

(11) 朝御飯(あさごはん)を食(た)べなかったから、おなかがすいてきた。
　　(아침밥을 안 먹었더니 배가 고프다.)
(12) 病気(びょうき)がますます重(おも)くなっていった。
　　(병이 점점 심해졌다.)
(13) テレビばかり見(み)ていたら、目(め)が痛(いた)くなってきた。
　　(텔레비전만 보고 있었더니 눈이 아파졌다.)
(14) だんだん大粒(おおつぶ)の雨(あめ)が降(ふ)ってきましたが、傘(かさ)を持(も)っていますか。
　　(점점 빗방울이 커지는데, 우산을 가지고 있습니까?)
(15) 会社(かいしゃ)に入(はい)って半年(はんとし)経(た)ったので、会社(かいしゃ)の仕事(しごと)に慣(な)れてきた。

(회사에 들어온 지 반년 지났기 때문에 회사 일에 익숙해졌다.)
(16) 日本人(にほんじん)の友(とも)だちに、私(わたし)の発音(はつおん)が<u>よくなってきた</u>と褒(ほ)められた。
(일본인 친구에게 내 발음이 좋아졌다고 칭찬 받았습니다.)
(17) 日本語(にほんご)の勉強(べんきょう)を始(はじ)めたころは、つまらなかったんですが、近(ちか)ごろ急(きゅう)に<u>面白(おもしろ)くなってきました</u>。
(일본어 공부를 시작했을 때는 재미없었습니다만, 최근 갑자기 재미있어졌습니다.)
(18) 教科書(きょうかしょ)の前半(ぜんはん)はやさしいが、後半(こうはん)は<u>難(むずか)しくなって{きます・いきます}</u>。
(교과서 전반부는 쉽지만, 후반부는 어려워집니다.)
(19) 最近(さいきん)、日本語(にほんご)を勉強(べんきょう)する人(ひと)が<u>増(ふ)えてきた</u>。これからも<u>増(ふ)えていくだろう</u>。
(요즘 일본어 공부하는 사람이 늘었다. 앞으로도 늘어날 것이다.)

4.3. 「～てしまう」

「**しまう**」는 본동사로는 「끝내다 / 마치다 / 파하다」, 「치우다」의 뜻을 나타내지만, 「**～てしまう**」와 같이 **보조동사**로 쓰이면 ⟨1⟩「다 ~하다 / ~해 버리다」와 같이 동작이나 상태의 완료나 종결을 나타내거나, ⟨2⟩「~고 말다」와 같이 말하는 사람의 안도감이나 후회, 불만 등을 나타내기도 한다. 그리고 ⟨3⟩「무의지 동사＋てしまう」와 같이 쓰이면, 우리말로 굳이 해석하지 않아서 좋을 경우가 있다.

그리고 「～てしまう」는 스스럼없는 회화체에서는 「[忘(わす)れ]てしまう → [忘れ]ちまう → [忘れ]ちゃう」, 「[読(よ)ん]でしまう → [読ん]じまう → [読ん]じゃう」와 같은 축약된 형태가 많이 쓰인다.

◇ 「～てしまう」의 의미・용법

⟨1⟩ 동작이나 상태의 완료나 종결을 나타내는 경우

「～てしまう」가 의지성 동사에 접속되어 쓰이면 심리적 완료나 종결을 나타내는데, 이때는 한국어의 「다 ~하다」, 또는 「~해 버리다」에 해당한다. 그런데 「～てしまう」가 한국어의 「다 ~하다」에 대응할 경우, 「読(よ)んでしまう ; 다 읽다 / 읽어 버리다」와 「読(よ)み終(お)わる ; 다 읽다」의 의미적 차이점이 문제가 된다.

결론적으로 말하면 「読(よ)んでしまう」는 심리적 종결을 나타내고, 「読(よ)み終(お)わる」

는 시간적인 종결을 나타내는 데에 양자의 차이점이 있다.

   (1) あの本(ほん)は、もう読(よ)んでしまいました。
      (그 책은 이미 다 읽었습니다.)
   (2) 昔(むかし)のことは、すべて忘(わす)れてしまいました。
      (옛날 일은 전부 잊어 버렸습니다.)
   (3) 冷蔵庫(れいぞうこ)にあったケーキは、弟(おとうと)が全部(ぜんぶ)食(た)べてしまいました。
      (냉장고에 있던 케이크는 남동생이 전부 먹어 버렸습니다.)

◇ 手続きが終わってしまいましたね

〈2〉 심리적 종결을 나타내는 「~てしまう」의 용법 중에는, 결과 내용에 따라서는 「手続(てつづ)きが終(お)わってしまいましたね ; 수속이 끝났군요」와 같이 ①안도감을 나타내는 경우가 있고, ②해당 결과가 바람직하지 못한 결과임을 나타내는 경우가 있다.

②와 같은 경우에는, 「후회」, 「불만」, 「의외의 결말에 대한 망설임」 등의 기분을 나타내기도 하는데, 이때는 한국어의 「~고 말다」에 대응한다.

   (4) きのう、大事(だいじ)な書類(しょるい)をゴミ箱(ばこ)に捨(す)ててしまいました。
      (어제 중요한 서류를 쓰레기통에 버리고 말았습니다.)
   (5) カメラマンがシャッターを切(き)る瞬間(しゅんかん)に動(うご)いてしまいました。
      (카메라맨이 셔터를 누르는 순간에 움직이고 말았습니다.)
   (6) 将棋(しょうぎ)の決勝戦(けっしょうせん)で彼(かれ)に負(ま)けてしまいました。
      (장기 결승전에서 그 사람에게 지고 말았습니다.)
   (7) まっすぐ家(うち)へ帰(かえ)るつもりでしたが、やっぱりここに来(き)てしまいました。
      (곧장 집으로 돌아갈 생각이었습니다만, 역시 여기로 오고 말았습니다.)

〈3〉 그리고 「~てしまう」가 무의지 동작이나 상태를 나타내는 동사와 결합하여 쓰이게 되면, 당사자가 원하지 않는 결과임을 나타내는 용법으로 발전된다. 이런 경우의 「~てしまう」를 기계적으로 「~해 버리다」로 번역하면 어색한 경우가 많다. 따라서 이런 용법의 「~てしまう」는 어색할 경우에는 굳이 한국어로 번역할 필요가 없다.

   (8) 雨(あめ)にぬれて、風邪(かぜ)を引(ひ)いてしまいました。
      (비에 젖어서 감기에 걸렸습니다.)

(9) ちょっと食(た)べすぎて、お腹(なか)をこわしてしまいました。
　　(좀 과식하는 바람에 배탈이 났습니다.)

(10) 静(しず)かにしてください。赤(あか)ちゃんが目(め)を覚(さ)ましてしまいます。
　　(조용히 하세요. 아이가 잠에서 깹니다.)

(11) 佐藤(さとう)さんは、用事(ようじ)があると言(い)って先(さき)に帰(かえ)ってしまいました。
　　(사토 씨는 일을 있다고 해서 먼저 돌아가 버렸습니다.)

(12) 旅行(りょこう)に行(い)っている間(あいだ)に、金魚(きんぎょ)が死(し)んでしまいました。
　　(여행하러 가 있는 사이에 금붕어가 죽어 버렸습니다.)

(13) さっきまでここにあった書類(しょるい)が消(き)えてしまいました。
　　(조금 전까지 여기에 있었던 서류가 없어져 버렸습니다.)

(14) その旅客機(りょかくき)は領空侵犯(りょうくうしんぱん)してしまいました。
　　(그 여객기는 영공 침범을 하고 말았습니다.)

(15) 先生(せんせい)からもらった本(ほん)をなくしてしまいました。
　　(선생님에게서 받은 책을 잃어버리고 말았습니다.)

(16) ついうっかりして、同(おな)じ本(ほん)を2冊(にさつ)も買(か)ってしまいました。
　　(그만 깜빡해서 같은 책을 2권이나 사고 말았습니다.)

(17) きのう、映画(えいが)を見(み)に行(い)って、1万円(いちまんえん)も使(つか)ってしまいました。
　　(어제 영화를 보러 가서 만 엔이나 쓰고 말았습니다.)

(18) 間違(まちが)って一(ひと)つ手前(てまえ)の駅(えき)で降(お)りてしまいました。
　　(잘못해서 내릴 역보다 하나 전에서 내리고 말았습니다.)

(19) 稲井(いない)さんは、彼女(かのじょ)の家(うち)の前(まえ)まで来(き)てしまいました。
　　(이나이 씨는 그녀 집 앞까지 오고 말았습니다.)

◇ 「~ちゃった」 ; 「~てしまった」의 축약형

완료나 심리적인 종결을 나타내는 「~てしまう / ~でしまう」는 스스럼없는 회화체에서 「~ちゃう / ~じゃう」와 같은 축약형으로 많이 쓰인다. 그리고 「~なってしまった」와 같이 무의지 성동사에 붙는 「~てしまう」는 심리적인 종결을 나타내는 것으로 한국어로 무리하게 번역할 필요가 없다.

(1) 花冷(はなび)えで急(きゅう)に寒(さむ)くなっちゃった。
　　(꽃샘추위로 갑자기 날씨가 추워졌어.)

(2) このズボン、洗(あら)ったら、小(ちい)さくなっちゃった。
　　　(이 바지, 빨았더니 줄어들었어.)
(3) 課長(かちょう)と飲(の)んでいたら、帰(かえ)りが遅(おそ)くなっちゃった。
　　　(과장님과 술을 마시다 보니 집에 오는 게 늦었어.)
(4) お米(こめ)が切(き)れちゃったよ。早(はや)く買(か)わなくちゃ。
　　　(쌀이 떨어졌어. 빨리 사야 하겠는데.)
(5) みなさんポカポカするから、眠(ねむ)たくなっちゃったでしょう。
　　　(다들 날씨가 따듯하니까, 졸리는 모양이죠?)
(6) 食後(しょくご)薬(くすり)を飲(の)むのをつい忘(わす)れちゃったです。
　　　(식후에 약을 먹는 것을 깜빡 잊어버렸습니다.)
(7) 看病(かんびょう)していたら、知(し)らないうちに寝(ね)ちゃったんです。
　　　(간호하고 있다가 모르는 사이에 잠이 들고 말았습니다.)
(8) 帰(かえ)りにめまいがして、階段(かいだん)から転(ころ)げ落(お)ちちゃったんです。
　　　(집에 돌아가는 길에 현기증이 나서 계단에서 굴러 떨어졌습니다.)
(9) ごちそうが出(で)たので、全部(ぜんぶ)平(たい)らげて、おなかをこわしちゃったんです。
　　　(맛있는 음식이 나와 전부 먹어 버리는 바람에 배탈이 났습니다.)

4.4. 「〜てみる」

「〜てみる」는 접속조사 「〜て」에 보조동사 「みる」가 연결된 것으로 한국어의 「〜해 보다」에 해당하는 형식이다. 일본어도 한국어와 마찬가지로 **보조동사**가 발달되어 있는데, 보조동사는 접속조사 「〜て」를 매개로 해서 연결되니, 5단동사에는 소위 「음편형」에 접속된다.

(1) 値段(ねだん)がいくらか聞(き)いてみます。
　　　(가격이 얼마인지 물어 볼까요?)
(2) この部屋(へや)に書類(しょるい)がないかちょっと捜(さが)してみます。
　　　(이 방에 서류가 없는지 잠깐 찾아볼까요?)
(3) できるかどうか分(わ)からないが、とにかくやってみます。
　　　(될지 어떨지 모르지만, 아무튼 해 보겠습니다.)
(4) 田中(たなか)さん、ちょっとこの服(ふく)、着(き)てみましょうか。
　　　(다나카 씨, 이 옷 좀 입어 볼까요?)
(5) もう一度(いちど)考(かんが)えてみます。

(다시 한 번 생각해 보겠습니다.)
(6) たまには河豚(ふぐ)料理(りょうり)を食(た)べてみましょうか。
(가끔은 복 요리를 먹어 볼까요?)
(7) 東京(とうきょう)行(ゆき)の便(びん)の座席(ざせき)があるかどうか、確認(かくにん)してみましょうか。
(도쿄행 좌석이 있는지 어떤지 확인해 볼까요?)

5. 동사의 「夕形」(과거·완료)

동사의 연용형(5단동사에는 음편형)에 조동사 「~た」가 접속되면, 즉 동사의 「夕形」은 **과거나 완료**를 나타낸다.

5.1. 접속

◇ 「~た」(과거·완료의 조동사)

과거나 완료를 나타내는 조동사 「~た」는 두 문장을 연결할 때 쓰이는 접속조사 「~て」, 열거를 나타내는 접속조사 「~たり」와 마찬가지로 5단동사에 접속할 때 발음의 변화가 일어난다. 즉 「作(つく)り+ます」와 다른 형태, 예를 들어 「作(つく)っ+た」와 같이 접속한다.

과거·완료의 「~た」가 얼마나 중요한지는 새삼스럽게 강조할 필요가 없을 것이다. 우리의 언어생활에서 과거 사실을 언급하지 않고 현재 사실에 대해서 이러쿵저러쿵 할 수가 없기 때문이다.

「~た」는 처음 학습하는 것은 아니다. 이미
① 정중의 조동사 「~です」의 과거형인 「~でし+た(~이었습니다)」
② 정중의 조동사 「~ます」의 과거형인 「~まし+た(~했습니다)」
③ 형용사 「暑(あつ)い; 덥다」의 과거형인 「暑(あつ)+かっ+た; 더웠다」 등을 통해 배운 바 있다.

「~た」가 5단동사의 연용형에 접속할 때는 소위 음편(音便; おんびん)이란 발음의 변화가 일어난다.

「**음편(音便; おんびん)**」이란 용어도 일본의 전통문법에서 유래된 것으로 「발음을 편리

하게 하는 것」을 의미하는데, 현상과 명칭이 반드시 일치하는 것은 아니고, 또는 적절한 명칭은 아니지만, 오랫동안 써왔기 때문에 편의상 쓰는 것뿐이다.

이에 대해 일부 사람들은 다른 용어를 쓰고 있으나, 용어를 달리 쓴다고 해서 현상이 바뀌는 것이 아니니, 의미가 없다.

음편의 종류에는

[1] 「イ音便(いおんびん)」
[2] 「促音便(そくおんびん)」
[3] 「撥音便(はつおんびん)」과 같이 세 종류가 있는데,

단, 「話(はな)す」와 같이 「~す」로 끝나는 5단동사는 음편이 생기지 않는다. 동사의 「夕形」을 공부할 때는 우선 먼저 동사의 기본형을 염두에 두고 해당 동사의 어형이 어떤 음편으로 바뀌는지를 생각하고, 그 다음 「夕形」을 파생시키는 식으로 연습하면 된다. 참고로 「동사의 연용형+ます」형도 제시해 둔다.

동사의 종류	기본형 (현재형)	정중체 「~ます」	과거·완료 「~た」	음편 종류	접속방법
5단동사	書(か)く (쓰다) 急(いそ)ぐ (서두르다)	書きます (씁니다) 急ぎます (서두릅니다)	書(か)いた (썼다) 急(いそ)いだ (서둘렀다)	イ音便	「~く / ~ぐ」로 끝나는 동사는 「~い」로 바꾸고 「~た / ~だ」를 접속.
	行(い)く (가다)	行きます (갑니다)	行(い)った (갔다)	예외	「行(い)く」는 「行(い)った」가 된다.
	言(い)う (말하다) 待(ま)つ (기다리다) 帰(かえ)る (돌아가다)	言います (말합니다) 待ちます (기다립니다) 帰ります (돌아갑니다)	言(い)った (말했다) 待(ま)った (기다렸다) 帰(かえ)った (돌아갔다)	促音便	「~う / ~つ / ~る」로 끝나는 동사는 「~っ」으로 바꾸고 「~た」를 접속시킨다.
	死(し)ぬ (죽다) 呼(よ)ぶ (부르다) 飲(の)む (마시다)	死にます (죽습니다) 呼びます (부릅니다) 飲みます (마십니다)	死(し)んだ (죽었다) 呼(よ)んだ (불렀다) 飲(の)んだ (마셨다)	撥音便	「~ぬ / ~ぶ / ~む」로 끝나는 동사는 「~ん」으로 바꾸고 「~だ」를 접속시킨다.
	話(はな)す (말하다)	話します (말합니다)	話(はな)した (말했다)	無音便	5단동사 중에서 「~す」로 끝나는 동사는 음편이 생기지 않는다.

◇ 「5단동사＋～た」

「**夕形**」는 5단동사의 **음편형**에 접속된다.

(1) 夕(ゆう)べは国(くに)にいる両親(りょうしん)に手紙(てがみ)を書(か)いた。 [← 書(か)く]
　　(어제 밤에는 고향에 있는 부모님께 편지를 썼다.)

(2) 今(いま)まで大学(だいがく)のプールで泳(およ)いだ。 [← 泳(およ)ぐ]
　　(지금까지 대학 수영장에서 수영했다.)

(3) きのうは友(とも)だちと買(か)い物(もの)に行(い)った。 [← 行(い)く]
　　(어제는 친구와 물건을 사러 갔다.)

(4) 洪水(こうずい)でたくさんの人々(ひとびと)が死(し)んだ。 [← 死(し)ぬ]
　　(홍수 때문에 많은 사람들이 죽었다.)

(5) 久(ひさ)しぶりに同僚(どうりょう)とお酒(さけ)を飲(の)んだ。 [← 飲(の)む]
　　(오랜만에 동료들과 술을 마셨다.)

(6) そのことは彼(かれ)に話(はな)した。 [← 話(はな)す]
　　(그 사실은 그에게 이야기했다.)

(7) この前(まえ)書(か)いた原稿(げんこう)をなくした。 [← なくす]
　　(요전에 쓴 원고를 잃어버렸다.)

1단동사, 불규칙동사 「する」「来(く)る」에는 「～ます」와 마찬가지로 연용형에 접속된다. 즉 이들 동사의 경우는 음편(音便 ; おんびん)이 생기지 않는다.

동사의 종류	기본형(현재형)	정중체 「～ます」	과거·완료 「～た」	음편의 종류
1단동사	いる (있다) 見(み)る (보다) 起(お)きる (일어나다)	います (있습니다) 見(み)ます (봅니다) 起(お)きます (일어납니다)	いた (있었다) 見(み)た (보았다) 起(お)きた (일어났다)	無音便
1단동사	寝(ね)る (자다) 食(た)べる (먹다) 始(はじ)める (시작하다)	寝(ね)ます (잡니다) 食(た)べます (먹습니다) 始(はじ)めます (시작합니다)	寝(ね)た (잤다) 食(た)べた (먹었다) 始(はじ)めた (시작했다)	無音便
불규칙동사	する (하다) 来(く)る (오다)	します (합니다) 来(き)ます (옵니다)	した (했다) 来(き)た (왔다)	無音便

◇ 「1단동사/불규칙동사＋～た」

(8) きのうは面白(おもしろ)い映画(えいが)を見(み)た。［← 見(み)る］
    (어제는 재미있는 영화를 보았다.)

(9) 今朝(けさ)はいつもより早(はや)く起(お)きた。［← 起(お)きる］
    (오늘 아침은 여느 때보다 일찍 일어났다.)

(10) お昼(ひる)は鰻(うなぎ)を食(た)べた。［← 食(た)べる］
    (점심은 장어를 먹었다.)

(11) 夕(ゆう)べは夜(よる)遅(おそ)くまで勉強(べんきょう)した。［← 勉強(べんきょう)する］
    (어제 저녁은 밤늦게까지 공부했다.)

(12) 一昨日(おととい)は馬場(ばば)さんと日光(にっこう)へ行(い)って来(き)た。
    ［← 来(く)る］
    (그저께는 바바 씨와 닛코에 갔다가 왔다.)

5.2. 「夕形」의 의미·용법

「夕形」에는 **과거(過去)**를 나타내는 용법과 **완료(完了)**를 나타내는 용법이 있는데, 한국어의 [-ㅆ / 었 / 았 -]과 마찬가지로 양자를 형태적으로 엄밀하게 규정하기는 쉽지 않다. 일차적으로 과거와 완료의 구별은 문중의 부사와 문 전체의 의미에 의해 결정된다.

[1] 과거

과거란 과거 어느 시점에서 어떤 사건이 일어났음을 뜻하는, 소위 **시제(時制 ; Tense)**상의 개념으로 일본어에서는 비과거(현재 / 미래)와 대립을 이루는데, 문중에 과거를 나타내는 시간 부사와 같이 쓰이는 경우가 많다.

(1) きのう新(あたら)しい服(ふく)を買(か)った。［← 買(か)う］
    (어제 새 옷을 샀다.)

(2) 今朝(けさ)、駅前(えきまえ)で彼女(かのじょ)に会(あ)った。［← 会(あ)う］
    (오늘 아침 역 앞에서 그녀를 만났다.)

[2] 완료

완료는 발화(發話) 시점 이전에 시간적 폭을 갖는 어떤 사건이 실현(종료 / 완료)되었음을 뜻하는 **상(相 ; Aspect)**적인 개념이다. Aspect는 슬라브어에 현저하게 나타나는데, 한국

어에서는 보통 「~고 있다·~ㄴ다 / ~어 있다·~었다」가 이에 대응하고 있고, 일본어에서는 「~ている」가 이를 대표하는 형식으로 다루고 있다.

「夕形」이 완료를 나타낼 때는「もう ; 이미」,「すでに ; 이미」,「もうとっくに ; 이미 훨씬 전에」,「やっと ; 드디어」등의 시간 부사와 쓰이는 경우가 많다.

(3) 試合(しあい)はもう終(お)わった。[← 終(お)わる]
　　(시합은 이미 끝났다.)

(4) 原稿(げんこう)はすでに書(か)いた。[← 書(か)く]
　　(원고는 이미 썼다.)

(5) 話(はなし)はもうとっくについた。[← つく]
　　(이야기는 이미 훨씬 전에 다 되었다.)

(6) 引(ひ)っ越(こ)しの準備(じゅんび)はやっとできた。[← できる]
　　(이사 준비는 겨우 끝났다.)

일본어에서 과거와 완료를 구별하는 이유는 다음과 같이 질문 내용을 과거로 이해하는 경우와 완료로 이해하는 경우에 따라, 그 부정 대답이 달라지기 때문이다. 즉 **과거 부정**으로 대답하는 경우와 **미완료(未完了)**로 대답하는 경우, 형태를 달리하는데, 양자가 한국어에서는 똑같이 과거가 되어 구별이 안 되니 주의한다.

(1a) きのう、テレビを見(み)た。[과거 사실 여부]
　　(어제 텔레비전 봤어?)

(1b) うん、見たよ。[과거 긍정]
　　(응, 봤어.)

(1c) いや、見なかった。[과거 부정]
　　(아니, 안 봤어.)

(2a) 今(いま)やっているあの映画(えいが)を見(み)た。[완료 여부]
　　(지금 하고 있는 그 영화, 봤어?)

(2b) うん、見たよ。[완료]
　　(응, 봤어.)

(2c) いや、まだ見ていない。[미완료]
　　(아니, 아직 안 봤어.)

◇ 「～たことがありません」(과거의 경험)

「~たことがありません」은 소위 **「과거의 경험」**을 나타내는데, 이때의 **「こと」**는 소위 형식명사로서 실질적인 의미가 없다.

(1) うっかりして、約束(やくそく)の時間(じかん)に遅(おく)れたことがあります。
   (깜빡해서 약속시간에 늦은 적이 있습니다.)
(2) 私(わたし)はすしを食(た)べたことは何度(なんど)もありますが、自分(じぶん)で作(つく)ったことは、まだ一度(いちど)もありません。
   (나는 초밥을 먹은 적은 몇 번이나 있습니다만, 직접 만든 적은 아직 한 번도 없습니다.)

◇ 「～た＋명사」；「～한＋명사」

한국어의 용언은 문장 끝에 쓰일 경우와 명사를 수식할 경우, 형태를 달리하나, 일본어에서는 형용동사나 형용동사 계통의 조동사를 제외하고는 동일 형태가 쓰인다. 따라서 동사의 과거형인 경우도 종지형과 명사를 수식하는 연체형이 같다.

(1) 夕(ゆう)べ原稿(げんこう)を書(か)いた。
   (어젯밤에 원고를 썼다.)
   → 夕(ゆう)べ書(か)いた原稿(げんこう)をなくした。
   (어젯밤에 쓴 원고를 잃어버렸다.)
(2) きのう李(イー)さんに会(あ)った。
   (어제 이승민 씨를 만났다.)
   → きのう会(あ)った人(ひと)は李(イー)さんです。
   (어제 만난 사람은 이승민 씨입니다.)
(3) 3年前(さんねんまえ)にイタリアへ行(い)った。その時(とき)、くつを買(か)った。
   (3년 전에 이탈리아에 갔다. 그 때 구두를 샀다.)
   → これは3年前(さんねんまえ)にイタリアへ行(い)った時(とき)に買(か)ったくつです。
   (이것은 3년 전에 이탈리아에 갔을 때 산 구두입니다.)
(4) 彼(かれ)は大学(だいがく)の工学部(こうがくぶ)を卒業(そつぎょう)した。
   (그는 대학 공학부를 졸업했다.)
   → 彼(かれ)が卒業(そつぎょう)した大学(だいがく)はソウルにあります。
   (그가 졸업한 대학은 서울에 있습니다.)

6.　열거·나열 ;「タリ形」

　동사의 연용형(5단동사의 음편형)에 열거나 나열을 나타내는 접속조사「~たり」가 접속된 것을「**タリ形**」이라고 한다.

◇「~たり」(접속조사)

　접속조사「~たり」는「~たり~たりする」나「~たり~たりだ」의 형태로 용언(동사, 형용사, 형용동사)과 명사술어에 접속하여 두 가지 이상의 동작이나 상태를 나열, 열거하는 기능을 하는 접속조사인데, 한국어로는「~거나 ~거나하다」,「~기도 ~기도 하다」,「~든지 ~든지 하다」에 해당하는 뜻을 나타낸다.

　접속방식은 조동사「~た」와 마찬가지로 **5단동사**의 경우는 **음편형(音便形)**에 접속된다.

　[1] 접속「~たり」는 용언(동사, 형용사, 형용동사) 및 명사술어에 접속하는데, 접속 방식은 조동사「~た」와 마찬가지로 5단동사에는 소위 **음편형(音便形)**에 접속된다.

술어의 종류	タ形(과거·완료)	タリ形(열거·나열)
동사	書(か)いた	書(か)いたり
	作(つく)った	作(つく)ったり
	読(よ)んだ	読(よ)んだり
형용사	大(おお)きかった	大(おお)きかったり
형용동사	静(しず)かだった	静(しず)かだったり
명사술어	主婦(しゅふ)だった	主婦(しゅふ)だったり

(1) 日曜日(にちようび)はテレビを見(み)たり、本(ほん)を読(よ)んだりします。
　　(일요일은 텔레비전을 보거나 책을 읽거나 합니다.)

(2) きのうは手紙(てがみ)を書(か)いたり、ケーキを作(つく)ったりした。
　　(어제는 편지를 쓰기도 하고 케이크를 만들기도 했다.)

(3) 同(おな)じ10才(じゅっさい)の子供(こども)でも、大(おお)きかったり、小(ちい)さかったり、さまざまです。
　　(같은 10살이라도 큰 아이가 있는가 하면 작은 아이도 있습니다.)

(4) 東京(とうきょう)の中(なか)でも、静(しず)かだったり、賑(にぎや)かだったり、いろいろなところがあります。
　　　(도쿄라고 해도 여러 군데가 있어, 조용한 곳이 있는가 하면, 번화한 곳도 있습니다.)
(5) 出席者(しゅっせきしゃ)はサラリーマンだったり、主婦(しゅふ)だったりした。
　　　(출석하는 사람은 회사원도 있고 주부도 있었다.)

[2] 의미·용법
　① **「タリ形」**은 「勉強(べんきょう)したり、音楽(おんがく)を聞(き)いたりする ; 공부하거나 음악을 듣거나 하다」나 「料理(りょうり)を作(つく)ったり、洗濯(せんたく)をしたり、掃除(そうじ)をしたりする ; 음식을 만들거나 세탁을 하거나 청소를 하거나 하다」와 같이 두 가지 이상의 동작이나 상태를 나열한다.

(1) 眠(ねむ)い時(とき)は、たばこを吸(す)ったり、顔(かお)を洗(あら)ったりします。
　　　(졸릴 때는 담배를 피우거나 세수를 하거나 합니다.)
(2) 彼女(かのじょ)は、本(ほん)を読(よ)んだり、音楽(おんがく)を聞(き)いたりします。
　　　(그녀는 책을 읽거나, 음악을 듣거나 합니다.)
(3) 田中(たなか)さんは、いつも会議(かいぎ)に遅(おく)れたり、始末書(しまつしょ)を書(か)いたりしています。
　　　(다나카 씨는 언제나 회의에 늦기도 하고, 시말서를 쓰기도 합니다.)
(4) 休(やす)みの日(ひ)には、部屋(へや)の掃除(そうじ)をしたり、車(くるま)を洗(あら)ったり、友(とも)だちに手紙(てがみ)を書(か)いたりします。
　　　(쉬는 날에는 방 청소를 하거나 차를 닦거나 친구에게 편지를 쓰거나 합니다.)

　② **「タリ形」**는 「乗(の)ったり降(お)りたりする ; 내리거나 타거나 합니다」와 같이 서로 반대되는 사항을 나열하는 경우에도 쓴다.

(5) あの人(ひと)は、さっきから家(うち)の前(まえ)を行(い)ったり来(き)たりしています。
　　　(그 사람은 아까부터 집 앞을 왔다 갔다 하고 있습니다.)
(6) 答案用紙(とうあんようし)に答(こた)えを消(け)したり書(か)いたりします。
　　　(답안용지에 답을 썼다 지웠다 합니다.)
(7) 株(かぶ)をする人(ひと)は、株式(かぶしき)を売(う)ったり買(か)ったりします。
　　　(주식을 하는 사람은 주식을 사거나 팔거나 합니다.)

(8) 試合(しあい)は勝(か)ったり負(ま)けたりします。
　　(시합은 이겼다 졌다 합니다.)

(9) 忘年会(ぼうねんかい)では、みんな飲(の)んだり食(た)べたりします。
　　(망년회에서는 다들 마시거나 먹거나 합니다.)

(10) 泣(な)いたり笑(わら)ったりする子供(こども)の姿(すがた)は、とても可愛(かわい)らしい。
　　(울기도 하고 웃기도 하는 아이들 모습은 무척 귀엽다.)

(11) 足腰(あしこし)の鍛練(たんれん)のために、階段(かいだん)を上(のぼ)ったり下(お)りたりする練習(れんしゅう)をします。
　　(다리와 허리를 단련하기 위해서 계단을 오르락내리락하는 연습을 합니다.)

(12) 部屋(へや)の空気(くうき)が悪(わる)い時(とき)は、窓(まど)を開(あ)けたり閉(し)めたりします。
　　(방 공기가 나쁠 때는 창을 열었다 닫았다 합니다.)

(13) 彼(かれ)は何(なに)かを考(かんが)える時(とき)には、席(せき)を立(た)ったり座(すわ)ったりします。
　　(그는 무엇인가를 생각할 때에는 자리를 일어났다 앉았다 합니다.)

③ 그리고「**タリ形**」은 다음과 같이 여러 가지 동작이나 상태 중에서 어느 한 가지만을 예로 들고 나머지는 언외(言外)로 돌리는 경우에도 쓰인다.

(14) あの人(ひと)はうそをついたりはしません。
　　(그 사람이 거짓말을 하거나 하지는 않아요.)

(15) 日曜日(にちようび)には友(とも)だちと山(やま)に登(のぼ)ったりします。
　　(일요일에는 친구와 산에 오르거나 합니다.)

(16) ホテルは、部屋(へや)に風呂場(ふろば)がついたりすると、値段(ねだん)が高(たか)くなります。
　　(호텔은 방에 목욕탕이 붙어 있거나 하면 가격이 비싸집니다.)

7. 조건 ;「**タラ形**」

동사의 연용형(**음편형**)에 접속조사「~たら」가 접속된 것을「**タラ形**」이라고 한다.

◇「~たら」(접속조사)

접속조사「~たら」는 형태적으로는 과거·완료의 조동사「た」에서 파생된 말이지만, 용언(동사, 형용사, 형용동사), 명사술어(명사 + だ)뿐만 아니라 부정의 「ない」에도 접속되는 등 의미·용법상에 차이가 있다. 이러한 점에서 「~たら」를 접속조사로 간주한다. 5단동사에는 「~た」와 마찬가지로 음편형(音便形)에 접속된다.

「~たら」는 주로 회화체에서 많이 쓰이고, 과학적인 보고서나 논문과 같은 문장체에서는 「~ば」나 「~と」가 쓰인다.

① 가정조건(仮定条件)

「~たら」가 **가정조건(仮定条件)**을 나타내는 경우에는 「(만일) ~하면 / (만일) ~이면, …」으로 해석되는데, 주절에 「**문말제한(文末制限)**」이 없어, 뒤의 문장, 즉 주절(後件)에는 말하는 사람의 의지·명령·의뢰·금지·충고·권유·희망 등의 표현이 올 수 있다.

(1) もし雨(あめ)が降(ふ)ったら、出(で)かけません。
    (만일 비가 오면 안 나가겠습니다.)
(2) この仕事(しごと)が終(お)わったら、すぐ行(い)きます。
    (이 일이 끝나면 금방 가겠습니다.)
(3) 何(なに)か分(わ)からないことがあったら、言(い)ってください。
    (뭐 모르는 것이 있으면 말해 주세요.)
(4) アメリカへ行(い)ったら、カメラを買(か)って来(き)てください。
    (미국에 가면 카메라를 사다 주세요.)

② 기정조건(規定条件)

기정조건(規定条件)이란 전건(前件)의 동작이 끝나고 나서 후건(後件)의 동작이 연이어 시작되는 것을 의미하는데, 「その時(とき) ; 그때」 또는 「その後(あと)で ; 그 다음에」와 같은 뜻을 나타낸다.

(5) 十五分(じゅうごふん)ほど待(ま)ったら、バスが来(き)た。
    (15분 정도 기다렸더니 버스가 왔다.)
(6) 散歩(さんぽ)をしていたら、急(きゅう)に雨(あめ)が降(ふ)ってきた。
    (산책을 하고 있자 갑자기 비가 내리기 시작했다.)

③ 이유(理由)

「~했더니 (~했다)」의 의미를 나타내는데, 이때 후건(後件)의 술어에는 **과거형**이 온다.

그리고 **이유**를 나타내는 「**~たら**」는 「**~と**」로 바꿔 쓸 수 있다.

(7) 薬(くすり)を{飲(の)んだら / 飲(の)むと}、頭痛(ずつう)が治(なお)った。
　　(약을 먹었더니 두통이 나았다.)

(8) お湯(ゆ)で{洗(あら)ったら / 洗(あら)うと}、きれいになった。
　　(뜨거운 물로 씻었더니 깨끗해졌다.)

④ 발견(発見)

발견(発見)이란 「~했더니 (~했다)」와 같이 어떤 행동의 결과 다음과 같은 사실을 알게 되었다는 뜻을 나타내는데, 후건(後件)의 술어에는 통상 과거형이 쓰인다. 발견의 「~たら」는 의외성의 정도라는 미묘한 의미상의 차이를 무시하면 「**~と**」로 바꿔 쓸 수 있다.

(9) その店(みせ)へ{行(い)ったら / 行(い)くと}、もう閉(し)まっていた。
　　(그 가게에 갔더니 벌써 문이 닫혀 있었다.)

(10) さっき外(そと)へ{出(で)たら / 出(で)ると}、雨(あめ)が降(ふ)っていた。
　　(아까 밖에 나갔더니 비가 오고 있었다.)

제4장 종지형(終止形) 용법

1. 문 종지

일본어 동사는 기본형과 종지형 그리고 연체형이 동일 형태인데, 종지형은 문을 종지하는 기능을 한다.

1.1. 동작동사

일반동사, 즉 **동작동사(動作動詞)**의 현재형은 보통 미래 사실을 나타내기 때문에 문장의 주어가 1인칭이고, 술어가 **의지성 동사**인 경우는 말하는 사람의 의지를 나타낸다.

(1) わたしは今日(きょう)日本(にほん)へ行(い)く。
    (나는 오늘 일본에 {간다 / 가겠다}.)
(2) 彼(かれ)は明日(あした)ここへ来(く)る。
    (그는 내일 여기에 온다.)
(3) 佐藤(さとう)さんは来週(らいしゅう)帰国(きこく)する。
    (사토 씨는 다음 주에 귀국한다.)
(4) 今日(きょう)は田舎(いなか)の両親(りょうしん)に手紙(てがみ)を書(か)く。
    (오늘은 시골에 있는 부모님께 편지를 쓰겠다.)

1.2. 상태동사

「ある」, 「いる」, 「できる」와 같은 상태동사(状態動詞)는 현재의 상태를 나타낸다.

(1) 布団(ふとん)は押入(おしいれ)にある。
    (이불은 벽장에 있다.)
(2) この動物園(どうぶつえん)にはパンダがいる。
    (이 동물원에는 판다가 있다.)

(3) この湖(みずうみ)は冬(ふゆ)はスケートができる。
　　(이 호수는 겨울에는 스케이트를 탈 수 있다.)

2. 「종지형+だろう・でしょう / らしい / そうだ」

　종지형 뒤에는 추측의 「~だろう」「~でしょう」, 추정(推定)의 「~らしい」, 전문(伝聞)의 「~そうだ」 등이 온다.

(1) 今夜(こんや)は雪(ゆき)になるだろう。
　　(오늘밤은 눈이 오겠지.)
(2) この本(ほん)はたぶんよく売(う)れるでしょう。
　　(이 책은 아마 잘 팔리겠지요.)
(3) 午後(ごご)には天気(てんき)がよくなるらしい。
　　(오후에는 날씨가 좋아질 것 같다.)
(4) 彼(かれ)は来月(らいげつ)には退院(たいいん)するそうだ。
　　(그는 다음 달에는 퇴원한다고 한다.)

제5장 연체형(連体形) 용법

1. 「연체형+명사」

연체형은 뒤에 오는 명사를 수식, 한정하는 역할을 하는데 **동작동사**는 아직 실현되지 않은 미래 사실을, **상태동사**는 현재의 상태를 나타낸다.

(1) 行(い)く人(ひと)。
　　(갈 사람.)
　　出(で)かける時(とき)。
　　(나갈 때.)
　　食(た)べるもの。
　　(먹을 것)
(2) この池(いけ)にいるコイはみんな大(おお)きい。
　　　(이 연못에 있는 잉어는 모두 크다.)
(3) 言(い)うのは易(やさ)しいが、行(おこな)うのは難(むずか)しい。
　　　(말하는 것은 쉽지만 행하는 것은 어렵다.)
(4) 会議(かいぎ)では自由(じゆう)に意見(いけん)を言(い)うことが大切(たいせつ)だ。
　　　(회의에서는 자유롭게 의견을 말하는 것이 중요하다.)
(5) 工事(こうじ)現場(げんば)ではヘルメットをかぶること。
　　　(공사 현장에서는 안전모를 쓸 것 ; 문장체의 명령)

2. 연체법(連体法)

문어적(文語的)인 표현이나 **관용적인 표현**에서 동사는 뒤에 형식명사「の」등을 수반하지 않고도 쓰일 수 있는데, 이를 「**연체법(連体法 ; れんたいほう)**」이라고 한다.

(1) 早(はや)くやめるがいい。
(빨리 그만두는 것이 좋다.)

(2) 諦(あきら)めるにはまだ早(はや)い。
(포기하기에는 아직 이르다.)

(3) こういうときは逃(に)げるが勝(か)ちだ。
(이럴 때는 도망치는 것이 최고다.)

(4) 福岡(ふくおか)に行(い)くには、新幹線(しんかんせん)が一番(いちばん)便利(べんり)です。
(후쿠오카에 가는 데에는 신칸센이 가장 편리합니다.)

제6장 가정형(仮定形) 용법

「가정형+ば」의 형태로 **조건 표현**을 나타낸다.

1. 가정조건(仮定条件)

동사의 **가정형**이 「**가정조건(仮定条件(かていじょうけん)**」을 나타낼 경우, 조건절(前件)의 술어가 일반동사와 같이 동작성 술어가 올 경우에는 뒷문장 술어(後件)에 **문말(文末)제한**이 있어, 의지, 명령, 권유, 의뢰, 금지, 조언 등과 같이 화자의 의지가 강하게 나타나는 표현은 쓰이지 못한다.

이때는 다른 가정조건을 나타내는 접속조사 「~たら」 등을 사용해야 한다.

(1) 飛行機(ひこうき)で行(い)けば、早(はや)く着(つ)きます。
   (비행기로 가면 빨리 도착합니다.)
(2) 明日(あした)雨(あめ)が降(ふ)れば、行(い)きません。
   (비가 오면 안 갑니다.)
(3) 私(わたし)は車(くるま)に乗(の)れば、必(かなら)ず酔(よ)います。
   (나는 차를 타면 꼭 멀미를 합니다.)
(4) 宝(たから)くじが当(あた)れば、家(いえ)を買(か)います。
   (복권이 당첨되면 집을 사겠습니다.)
(5) お茶(ちゃ)が{ × 入(はい)れば / 入(はい)ったら}、始(はじ)めませんか。
   (차가 오면 시작하지 않겠습니까?)
(6) 京都(きょうと)に{ × 着(つ)けば / 着(つ)いたら}、電話(でんわ)してください。
   (교토에 도착하면 전화하세요.)

2. 항상조건(恒常条件)

「**항상조건(恒常条件(こうじょうじょうけん)**」, 또는 「**항시조건(恒時条件)**」은 속담이나 추상적 논리관계, 일반적 진리 등 시간과 관계없이 언제나 성립하는 것을 의미한다. 항상조건의 용법은 「~と」에도 있지만, 특히 속담에 쓰이는 「**~ば**」는 고정된 표현으로 「~と」로 바꿀 수 없다.

(1) 苦(く)あれば楽(らく)あり。
    (고생 끝에 낙이 있다.)
(2) 春(はる)に{なれば / なると}、暖(あたた)かくなる。
    (봄이 되면 따뜻해진다.)
(3) 2(に)に2(に)を{かければ / かけると}、4(よん)になる。
    (2에 2를 곱하면 4가 된다.)

3. 병렬(並列)

「~ば」는 「Aも~すれば、Bも~する」의 형태로 **병렬관계**를 나타내는 경우가 있다.

(1) 才能(さいのう)の豊(ゆた)かな人(ひと)で、歌(うた)も歌(うた)えば、絵(え)も描(えが)く。
    (재능이 풍부한 사람으로 노래도 부르거니와 그림도 그린다.)
(2) この大学(だいがく)にはいろんな国(くに)の留学生(りゅうがくせい)がいる。韓国人(かんこくじん)もいれば、アメリカ人(じん)もいる。
    (이 대학에는 여러 나라에서 온 유학생이 있다. 한국인도 있고, 미국인도 있다.)

제7장 명령형(命令形) 용법

1. 회화체

동사의 명령형은 **경의도(敬意度)**가 낮아 여성은 보통 쓰지 않으며, 남성의 경우도 친구, 후배, 동료처럼 허물없는 사이에서만 허용된다. 그리고 이 경우에도 뒤에 「よ」, 「ね」 등의 종조사를 붙여 어조를 부드럽게 한다. 그리고 1단동사나 「する」는 통상 「~ろ」형이 쓰이고, 5단동사의 경우에는 회화체나 문장체에 동일 어형이 쓰인다.

(1) 早(はや)く行(い)け。
　　(빨리 가.)

(2) そこに座(すわ)れ。
　　(거기에 앉아.)

(3) よく考(かんが)えろ。
　　(잘 생각해.)

(4) 早(はや)く起(お)きろよ。
　　(빨리 일어나.)

(5) ぐずぐずしないで、早(はや)くしろ。
　　(꾸물대지 말고 빨리 해.)

(6) こっちに来(こ)いよ。
　　(이리 와.)

2. 문장체

1단동사나 「する」에는 **「~よ」형**이 쓰이고, 5단동사에는 회화체와 동일한 형태가 쓰인다. 문장체에 쓰이는 동사의 명령형은 한국어의 「~해라」가 아니고 「~하시오」에 해당하니 주의한다.

(1) 「止(と)まれ」
    (멈추시오 ; 교통 표지판)
(2) 「先(さき)にカーブあり、速度(そくど)を落(お)とせ」
    (앞에 커브 있음. 속도를 줄이시오 ; 교통 표지판)
(3) 〈　〉の中(なか)に適当(てきとう)な助詞(じょし)を入(い)れよ。
    (〈　〉안에 적당한 조사를 넣으시오 ; 시험문제 지문)
(4) その意味(いみ)と接続法(せつぞくほう)を説明(せつめい)せよ。
    (그 의미와 접속법을 설명하시오 ; 시험문제 지문)

◆ 本書에서 채택하는 活用表

1. 動詞 活用表

동사의 종류		5단동사(五段動詞)						
기 본 형		言う	行く	騒ぐ	話す	読む	帰る	書く
어 간		I	ki	sawag	hanas	yom	kaer	kak
未然形	부정	言わない	行かない	騒がない	話さない	読まない	帰らない	書かない
	의지 권유	言おう	行こう	騒ごう	話そう	読もう	帰ろう	書こう
	수동 존경	言われる	行かれる	騒がれる	話される	読まれる	帰られる	書かれる
	사역	言わせる	行かせる	騒がせる	話させる	読ませる	帰らせる	書かせる
	가능	言える	行ける	騒げる	話せる	読める	帰れる	書ける
連用形	정중	言います	行きます	騒ぎます	話します	読みます	帰ります	書きます
	희망	言いたい	行きたい	騒ぎたい	話したい	読みたい	帰りたい	書きたい
	중지	言い	行き	騒ぎ	話し	読み	帰り	書き
	~て형(접속)	言って	行って	騒いで	話して	読んで	帰って	書いて
	과거완료	言った	行った	騒いだ	話した	読んだ	帰った	書いた
	~たり형(열거)	言ったり	行ったり	騒いだり	話したり	読んだり	帰ったり	書いたり
	~たら형(조건)	言ったら	行ったら	騒いだら	話したら	読んだら	帰ったら	書いたら
終止形		言う	行く	騒ぐ	話す	読む	帰る	書く
連体形		言う+名	行く+名	騒ぐ+名	話す+名	読む+名	帰る+名	書く+名
仮定形		言えば	行けば	騒げば	話せば	読めば	帰れば	書けば
命令形	회화체	言え	行け	騒げ	話せ	読め	帰れ	書け
	문장체	言え	行け	騒げ	話せ	読め	帰れ	書け

동사의 종류		1단동사 (上一段動詞)		1단동사 (下一段動詞)		カ変動詞	サ変動詞
기본형		いる	起(お)きる	出(で)る	食(た)べる	来(く)る	する
어간		i	oki	de	tabe	k	s
未然形	부정	いない	起きない	出ない	食べない	来(こ)ない	しない
	의지 권유	いよう	起きよう	出よう	食べよう	来(こ)よう	しよう
未然形	수동 존경	いられる	起きられる	出られる	食べられる	来(こ)られる	される
	사역	いさせる		出させる	食べさせる	来(こ)させる	させる
	가능	いられる	起きられる	出られる	食べられる	来(こ)られる	できる
連用形	정중	います	起きます	出ます	食べます	来(き)ます	します
	희망	いたい	起きたい	出たい	食べたい	来(き)たい	したい
	중지	おり	起き	出	食べ	来(き)	し
	~て형(접속)	いて	起きて	出て	食べて	来(き)て	して
	과거완료	いた	起きた	出た	食べた	来(き)た	した
	~たり형(열거)	いたり	起きたり	出たり	食べたり	来(き)たり	したり
連用形	~たら형(조건)	いたら	起きたら	出たら	食べたら	来(き)たら	したら
終止形		いる	起きる	出る	食べる	来(く)る	する
連体形		いる+名	起きる+名	出る+名	食べる+名	来(く)る+名	する+名
仮定形		いれば	起きれば	出れば	食べれば	来(く)れば	すれば
命令形	회화체	いろ	起きろ	出ろ	食べろ	来(こ)い	しろ
	문장체	いよ	起きよ	出よ	食べよ		せよ

2. 形容詞 活用表

기 본 형		ない	よい/いい	かなしい
어 간		na	yo/i	kanashi
未然形	추측(현재)	なかろう	よかろう	かなしかろう
	추측(과거)	なかったろう	よかったろう	かなしかったろう
連用形	부정	(なくはない)	よくない	かなしくない
	중지	なく	よく	かなしく
	~て형(접속)	なくて	よくて	かなしくて
	연용	なく [+なる]	よく [+なる]	かなしく [+なる]
	과거 완료	なかった	よかった	かなしかった
	~たり형(열거)	なかったり	よかったり	かなしかったり
	~たら형(조건)	なかったら	よかったら	かなしかったら
終止形	보통체	ない	よい / いい	かなしい
	정중체	ないです	いいです	かなしいです
連体形		ない+名	よい / いい+名	かなしい+名
仮定形		なければ	よければ	かなしければ
命令形		없음	없음	없음
名詞形		なさ	よさ	かなしみ

3. 形容動詞 / 名詞述語 活用表

종류		형용동사(形容動詞)		명사술어
기 본 형		きれいだ	便利だ	[美人]だ
어 간		kirei	benri	[○○]
未然形	추측(현재)	きれいだろう	便利だろう	[美人]だろう
	추측(과거)	きれいだったろう	便利だったろう	[美人]だったろう
連用形	부정	きれいで(は)ない	便利で(は)ない	[美人]で(は)ない
	중지	きれいで	便利で	[美人]で
	~て형(접속)	きれいで	便利で	[美人]で
	연용	きれいに [+なる]	便利に [+なる]	[美人]に [+なる]
	과거 완료	きれいだった	便利だった	[美人]だった
	~たり형(열거)	きれいだったり	便利だったり	[美人]だったり
	~たら형(조건)	きれいだったら	便利だったら	[美人]だったら
終止形	보통체	きれいだ	便利だ	[美人]だ
	정중체	きれいです	便利です	[美人]です
連体形		きれいな+名	便利な+名	[美人]の+名
仮定形		きれいなら(ば)	便利なら(ば)	[美人]なら(ば)
命令形		없음	없음	없음
名詞形		きれいさ	便利	[美人]

参考文献

青木玲子(1980)「可能表現」『国語学大辞典』国語学会.
池上嘉彦(1981)『「する」と「なる」の言語学』大修館書店.
石綿敏雄・高田誠(1990)『対照言語学』桜楓社.
李成圭等訳(1992)『日本語学の理解』法文社.
李成圭(1993~1996)『東京日本語1, 2, 3, 4, 5』時事日本語社.
_____等著(1995)『現代日本語研究1, 2』不二文化社.
_____等著(1996)『홍익나가누마 일본어1, 2, 3』홍익미디어.
_____等著(1996)『홍익나가누마 일본어1, 2, 3 해설서』홍익미디어.
_____等著(1997)『홍익일본어독해1, 2』홍익미디어.
李成圭(1998)『東京現場日本語1』不二文化社.
_____(2000)『東京現場日本語2』不二文化社.
_____(2003a)『도쿄 비즈니스 일본어1』不二文化.
_____(2003b)『日本語受動文の研究』不二文化.
_____(2003c)『日本語 語彙I - 日本語 実用文法의 展開 II-』不二文化.
_____(2004)『일본어 조동사 연구I - 일본어 실용문법의 전개VI -』不二文化.
_____(2006a)「使役受動의 語形에 대한 일고찰」『日本学報』68輯 韓国日本学会. pp. 69-80.
_____(2006b)「使役受動 語形의 移行에 대하여」『日本学報』69輯 韓国日本学会. pp. 67-82.
_____(2007a)「日本語 依頼表現 研究의 課題」『日本学報』70輯 韓国日本学会. pp. 111-124.
_____(2007b)「〈お/ご~くださる〉 계열의 서열화 및 사용가능성에 대해」『日本学報』71輯 韓国日本学会. pp. 93-110.
_____(2007c)『일본어 의뢰표현I - 肯定의 依頼表現의 諸相 - 』시간의물레. pp. 16-117.
_____(2008a)「일본어 의뢰표현의 유형화 및 서열화에 대해 - 〈てくれる〉계열・〈てもらえる〉계열을 대상으로 하여 - 」『日本学報』74輯 韓国日本学会. pp. 17-34.
_____(2010a)「「おっしゃる」와 「言われる」의 사용상의 기준 - 신약성서(신공동역)의 4복음서를 대상으로 하여 - 」『日本学報』82輯 韓国日本学会. pp. 99-110.
_____(2010b)「잉여적 선택성에 기초한 「なさる」와 「される」의 사용상의 기준 - 신약성서(신공동역)의 4복음서를 대상으로 하여 - 」『日本学報』84輯 韓国日本学会. pp. 209-225.
_____(2011a)「ナル형 경어와 レル형 경어의 사용상의 기준 - 복수의 존경어 형식이 혼용되고 있는 예를 중심으로 - 」『日本学報』86輯 韓国日本学会. pp. 121-141.
_____(2011b)「ナル형 경어와 レル형 경어의 사용실태 - 화체적 요인을 중심으로 하여 - 」

『日本学報』87輯 韓国日本学会. pp. 39-52.

_____(2011c)「사용상의 기준과 복음서 간의 이동 - ナル형 경어와 レル형 경어의 사용실태를 대상으로 하여 - 」『日本語教育』56輯 韓国日本語教育学会. pp. 175-203.

_____(2012)「〈ないでもらえる〉계열의 의뢰표현 - 각 형식의 사용실태 및 표현가치(정중도)를 중심으로 하여 - 」『日本学報』92輯 韓国日本学会. pp. 63-83.

_____(2013a)「의뢰표현〈ないでくださいますか〉의 표현가치」『외국학연구』23 중앙대학교 외국학연구소. pp. 121-38.

_____(2013b)「〈ないでくださる?〉〈ないでくださらない?〉의 의뢰표현 - 사용실태 및 사용가능성, 그리고 표현가치 - 」『日本学報』95輯 韓国日本学会. pp. 47-61.

_____(2014a)「의뢰표현〈ないでくださいませんか〉의 운용 실태와 표현가치」『외국학연구』27 中央大学校 外国学研究所. pp. 237-257.

_____(2014b)「〈ないでくださるでしょうか〉의 의뢰표현 - 사용 가능성 및 표현가치 - 」『日本學報』99 韓国日本学会. pp. 137-150.

_____(2016b)『일본어 의뢰표현 - 부정의 의뢰표현의 제상 - 』, 시간의물레.

_____(2016c)「「お答えになる」・「答えられる」・「言われる」의 사용상의 기준에 있어서의 번역자의 표현의도 - 일본어 성서(新共同訳) 4복음서를 대상으로 하여 -」『일본언어문화』제36집, 한국일본언어문화학회. pp. 155-176.

_____(2017a)「日本語口語訳新約聖書における〈おる〉の使用実態」『日本言語文化』第38輯, 韓国日本言語文化学会. pp. 67-84

_____(2017b)「〈おる〉〈ておる〉の意味・用法 - リビングバイブル旧約聖書(1984)を対象として -」『日本言語文化』第40輯, 韓国日本言語文化学会. pp. 69-90

_____(2017c)『신판 생활일본어』시간의물레.

_____(2017d)『신판 비즈니스 일본어1』시간의물레.

_____(2017f)『신판 비즈니스 일본어2』시간의물레.

_____(2018a)「「なさる」에 의한 존경어 형식과 사역의 존경화 - 일본어 구어역 신약성서를 대상으로 하여 - 」『日本研究』第48輯, 中央大学校 日本研究所. pp. 7-29

_____(2018b)「発話動詞〈言う〉の尊敬語の使用実態 - 日本語口語訳新約聖書を対象として -『日本言語文化』第43輯, 韓国日本言語文化学会. pp. 105-120

_____(2018c)『일본어 구어역 마가복음의 언어학적 분석I』시간의물레.

_____(2019a)『일본어 구어역 마가복음의 언어학적 분석II』시간의물레.

李成圭・権善和(2004a)『일본어 조동사 연구I』不二文化.

_____(2004b)『일본어 조동사 연구II』不二文化.

_____(2006a)『일본어 조동사 연구III』不二文化.

＿＿＿＿＿(2006b)『현대일본어 문법연구Ⅰ』시간의물레.
＿＿＿＿＿(2006c)『현대일본어 문법연구Ⅱ』시간의물레.
＿＿＿＿＿(2006d)『현대일본어 문법연구Ⅲ』시간의물레.
＿＿＿＿＿(2006e)『현대일본어 문법연구Ⅳ』시간의물레.
内田賢徳(1978)「複合動詞のために」『国語学論説資料』1 5-3 論説資料保存会.
生越直樹(1982)「日本語漢語動詞における能動と受動―朝鮮語hata動詞との対照-」『日本語教育』48 日本語教育学会.
＿＿＿＿＿(2001)「現代朝鮮語の하다動詞における하다形と되다形」『하다」と『する』の言語学』『筑波大学「東西言語文化類型論特別プロジェクト」研究成果報告書Ⅳ別冊』平成12年度
影山太郎(1980)『日英比較 語彙の研究』松柏社.
＿＿＿＿＿(1993)『文法と語形成』ひつじ書房.
＿＿＿＿＿(1996)『動詞意味論―言語と認知の接点―』日英語対照研究シリーズ5 くろしお出版.
亀井孝・河野六郎・柴田武・山田俊雄(1966)『言語史研究入門』(日本語の歴史 別巻) 平凡社.
北原保雄(1981b)『日本語助動詞の研究』大修館書店.
＿＿＿＿＿(1981c)『日本語の世界6 日本語の文法』中央公論社.
＿＿＿＿＿(1984)『文法的に考える―日本語の表現と文法―』大修館書店.
＿＿＿＿＿(1996)『表現文法の方法』大修館書店.
＿＿＿＿＿監修・編(2003a)『朝倉日本語講座⑤ 文法Ⅰ』朝倉書店.
＿＿＿＿＿監修(2003b)『岩波 日本語使い方 考え方』岩波書店.
＿＿＿＿＿(20014)『日本語の助動詞―二つ「なり」の物語』大修館書店.
金水敏(1991)「受動文の歴史についての一考察」『国語学』164 国語学会.
工藤真由美(1990)「現代日本語の受動文」『ことばの科学4』むぎ書房.
小泉保他4人(1989)『日本語基本動詞用法辞典』大修館書店.
国立国語研究所編(1951)『現代語の助詞・助動詞―用法と実例―』(国立国語研究所報告3) 秀英出版.
国際交流基金 日本語国際センター編(1990)『日本語中級1』凡人社.
此島正年(1973)『国語助動詞の研究』桜楓社.
小松光三(2000)「可能」山口明穂・秋本守雄(2000)『日本語文法大辞典』明治書院.
＿＿＿＿＿(2000)「打消」山口明穂・秋本守雄(2000)『日本語文法大辞典』明治書院.
坂田幸子・倉持保男(1980)『教師用日本語教育ハンドブック ④文法(ぶんぽう)Ⅱ』国際交流基金 凡人社.
佐治圭三(1991)『日本語の文法の研究』ひつじ書房.
柴谷方良(1978)『日本語の分析―生成文法の方法―』大修館書店.
＿＿＿＿＿(1997)「迷惑受身の意味論」『日本語文法 体系と方法』(川端善明・仁田義雄編) ひつじ書房.
渋谷勝己(1993)『日本語可能表現の諸相と発展』大阪大学文学部 33-1

＿＿＿＿＿(1994)『可能文における格パタンの変遷』阪大日本語研究.
白川博之(2003)「使役動詞」『岩波 日本語使い方 考え方』北原保雄監修 岩波書店.
寺村秀夫(1976)「「ナル」表現と「スル」表現－日英「態」表現の比較－」『日本語と日本語教育－文字・表現編－』国立国語研究所.
＿＿＿＿＿(1982)『日本語のシンタクスと意味I』くろしお出版.
＿＿＿＿＿(1984)『日本語のシンタクスと意味II』くろしお出版.
＿＿＿＿＿(1991)『日本語のシンタクスと意味III』くろしお出版.
時枝誠記(1941)『国語学原論』岩波書店.
＿＿＿＿＿(1950)『日本文法 口語篇』岩波書店.
＿＿＿＿＿(1950)『古典解釈のための日本文法』岩波書店.
＿＿＿＿＿(1954)『日本文法 文語篇』岩波書店.
仁田義雄(1980)『語彙論的統語論』明治書院.
日本語教育学会編(1982)『日本語教育辞典』大修館書店.
林史典(1986)『国語基本用例辞典』教育社.
＿＿＿＿＿(1992)『15万例文・成句現代国語用例辞典』教育社.
深見兼孝(1991)「日本語と韓国語の受身」『広島大学教育学部紀要』第2部 第39号
文化庁編(1972)『日本語教授法の諸問題』日本語教育指導参考書3 大蔵省.
＿＿＿＿＿(1973)『日本語の文法(上)』日本語教育指導参考書4 大蔵省.
＿＿＿＿＿(1974)『日本語の文法(下)』日本語教育指導参考書5 大蔵省.
益岡隆志(1987)『命題の文法』くろしお出版.
＿＿＿＿＿(2000)『日本語文法の諸相』くろしお出版.
松岡弘監修 庵功雄ほか3人(2000)『初級を教えるための日本語文法ハンドブック』株式会社スリーエーネットワーク.
三尾砂(1958)『話しことばの文法』法政大学出版局.
三上章(1953)『現代語法序説』刀江書院(復刊 くろしお出版 1972)
＿＿＿＿＿(1970)『文法小論集』くろしお出版.
宮地裕(1969)「せる・させる〈現代語〉」松村明編『古典語現代語 助詞助動詞詳説』学灯社.
村木新次郎(1991)『日本語動詞の諸相』ひつじ書房.
森岡健二(1994)『日本文法体系論』明治書院.
村木新次郎(1991)『日本語動詞の諸相』ひつじ書房.
山口明穂・秋本守雄(2000)『日本語文法大辞典』明治書院.
鷲尾竜一・三原健一(1997)『ヴォイスとアスペクト』日英語比較選書 研究社出版.
＿＿＿＿＿ほか7人(1997)『ヴォイスに関する比較言語学的研究』筑波大学 現代言語学研究会 三修社.

Librairie Larousse(1973) ; DICTIONNAIRE DE LINGUISTIQUE, 『ラールス言語学用語辞典』伊藤
　　　晃ほか6人編訳(1980) 大修館書店.
Lyons(1968) ; ライオンズ『理論言語学』国広哲弥監訳, 大修館書店. 1973
Lyons(1970) ; ライオンズ編『現代の言語学(上・下)』田中春美監訳 大修館書店. 1973
Shibatani, Masayoshi(1985) ; Passives and related constructions, A prototype analysis. Language 61
Ullmann(1962) ; ウルマン『言語と意味』池上嘉彦訳 大修館書店. 1969
Wartburg(1963) ; ヴァルトブルク『言語学の問題と方法』島岡茂訳 紀伊国屋書店. 1973

【찾아보기】

「~う / ~よう」 11
「~が」격 14, 20
「~かかる」 47
「~かける」 47
「~かねない」 57
「~かねる」 56
「~から」 66
「~ことができる」 14
「~させる」 14
「~しそうになる」 47
「~しようとする」 47
「~すぎる(過ぎる)」 60
「~せる/~させる」 14
「~せる」 14
「~そうだ」 94
「~た」 63, 82
「~たい」 20
「~たことがありません」 87
「~たって / ~だって」 70
「~たら」 92
「~たり」 63, 88
「~だろう」 94
「~ちゃう / ~じゃう」 80
「~て」 63, 64, 71
「~て」형 71
「~てある」 71, 74
「~ていく」 75
「~ている」 71
「~ておく」 73, 74
「~てから」 67
「~できる」 16
「~てくる」 75
「~てくれる」 71
「~てしまう」 78
「~てしまう」의 의미·용법 78
「~でしょう」 94
「~てみる」 81

「~ても / ~でも」 70
「~ても」 68
「~てもらう」 71
「~てやる」 71
「~と」 92, 98
「~とも/~ども」 70
「~と申(もう)しましても」 71
「~と言(い)いましても」 71
「~と言(い)っても(~라고 해도)」 71
「~ながら」 26
「~ながらも」 26
「~に」 28
「~ので」 66
「~ば」 98
「~へ」 28
「~まくる」 59
「~まして」형 71
「~ます」 19
「~ません」 19
「~よ」 99
「~ようだ」 31
「~ように」 31
「~ようにする」 31
「~らしい」 94
「~られる」 12, 15
「~れる / ~られる」 11
「~ろ」형 99
「~を」격 14, 20
「~過(す)ぎる」 51
「~기 시작하다」 45
「~抜(ぬ)ける」 60
「~抜(ぬ)ける」 60
「~歩(ある)く」 61
「~上(あ)がる / ~上(あ)げる」 49
「~上(あ)がる」 49
「~上(あ)げる」 50
「~続(つづ)く」 49

「~続(つづ)ける」 48
「~始(はじ)める」 45
「~越(こ)す」 60
「~切(き)れない」 57
「~終(お)える」 48
「~終(お)わる / ~終(お)える」 47
「~終(お)わる」 48
「~直(なお)す」 53
「~出(だ)す」 45
「~하면서」 27
「~合(あ)う」 54

1단동사 12
1단동사의 부정 10
5단동사의 부정 9
Aspect 85
pV(접두사화한 동사＋동사) 36
V(일어화(一語化)) 36
[V1+V2] 34
[V1이기 때문에, V2]와 34
[V1하고, V2] 34
[V1하면서, V2] 34
Vs(동사＋보조적인 동사) 35
[Vs]형 36, 37
[Vs형]의 [s](후항동사)의 특징 38
[Vs형]이 나타내는 의미 39
VV(동사＋동사) 34
[VV]형 36, 37
「イ音便(いおんびん)」 63, 83
くる의 부정 10
「サ行 5단동사」 63
「しまう」 78
「する → できる」 11
「する」 30
「する」의 부정 10
「タラ形」 90
「タリ形」 88

「夕形」 83
「夕形」의 의미·용법 85
「できる」 15
「テ形」 22, 64
「ない」 9

【ㄱ】
가능(可能 ; かのう) 11
가능동사 14
가능표현 12, 14
가정조건(仮定条件) 91, 97
간접수동 12
강조(強調)의 어감 43
「개시 → 지속 → 종료」 46
개시상 45
격관계 35
격관계(格関係) 34
결합도 34
경의도(敬意度) 13, 99
계속동사 47
공간상 41
공간상(空間相) 42
공간적 애스펙트(aspect) 41
「過(す)ぎる」 51
과거 85
과거 부정 86
과거·완료의 조동사 82
과거나 완료 82
「과거의 경험」 87
과거형 91
관용적인 표현 95
구속형식(拘束形式) 36, 37
구어적인 표현 17
권유 11
규범의식 12
「(그 상태) 그대로의」 27
기정조건(規定条件) 91

【ㄴ】
난이(難易) 45
남성 13

노력 31

【ㄷ】
동사+すぎる 52
동사문의 확장 34
동사의 「夕形」 82
동사의 가능형 14
동사의 가정형 97
동사의 기본형 83
동사의 명령형 99
동사의 연용형 19
「동사의 연용형+동사」 34
동시진행(同時進行) 26
동작 자체의 종결 58
동작·상태의 지속 48
동작동사 93, 95
동작성(動作性) 명사 30
동작의 강조·정도 40
동작의 공존(動作의 共存) 64
동작의 대상 14
동작의 목적 28, 31
「동작의 목적」 28
「동작의 완료」 74
동작이나 상태의 완료나 종결을
나타내는 경우 78
동작주의 의지적 행위 74

【ㄹ】
「来(く)る」의 부정 10
「来る」 12, 75

【ㅁ】
말하는 사람의 의지 93
명령 32
「명사+で」 65
「명사+を~して」 65
명사의 자격 62
목적 31
「무의지 동사+てしまう」 78
무의지성 상태 58
문말(文末)제한 97

문말제한(文末制限) 91
문어적(文語的)인 표현 95
문장체 13, 21, 22, 99
미래에 관한 행위 74
미연형(未然形 ; みぜんけい) 9
미완료(未完了) 86

【ㅂ】
발견(発見) 92
「撥音便(はつおんびん)」 63, 83
변화 결과의 강조 39
변화의 과정 77
병렬관계 98
병행동작(並行動作) 65
「보조동사(補助動詞 ; ほじょどうし)」
 34, 71, 75, 78
보조동사로 쓰이는 「くる」 「いく」 76
보조동사적 38
보조적(補助的 ; subsidiary) 35
복수 사상(事象)의 상호 관계 41
복합동사(複合動詞 ; ふくごうどう
 し) 34
복합동사(複合動詞)의 어구조(語
 構造) 34
복합명사의 구성요소 62
복합조사 67
본동사 30
본동사로 쓰이는 「来る」 「行く」 75
부사법(副詞法) 66
불가능의 의미 57

【ㅅ】
사건의 개시 내지 개시 시도 40
사건의 계속 40
사건의 반복·습관 40
사건의 불완전한 완료·불성립 39
사건의 완료 39
사역(使役) 14
사항의 단순한 열거 24
사항의 시간적 순서 24
사회적 애스펙트(aspect) 41

「上(あ)がる」 49
상(相；Aspect)적인 개념 85
상태동사 93, 95
생산성 34
설치동사(設置動詞) 73
수단·방법(手段·方法) 65
수동(受動；じゅどう) 11
수동표현 11
수량적인 종결 57, 58
수수표현 71
受身(うけみ) 11
수의적 16
순간동사 47
순접(順接) 26
순차동작(順次動作) 64
술어동사 29
스스럼없는 회화체 80
슬라브어 85
습관(習慣) 44
시간상(時間相) 39, 42
시간적 애스펙트(aspect) 39
시간적인 종결 79
실패(失敗) 45
심리적 종결 78

【ㅇ】
양상(様相)·정도(程度) 43
어떤 사태의 출현과정 77
어형교체 11
어휘적 애스펙트(aspect) 38
어휘적 의미 61
역접(逆接) 26, 66
역접의 가정조건 68
역접의 확정조건 69
연용중지법(連用中止法) 21, 22
연체법(連体法；れんたいほう) 95
연체형 95
열거나 나열 88
완료 85
완수(完遂) 44
원인·이유(原因·理由) 66

유지 74
음편(音便；おんびん) 82
「음편형(音便形；おんびんけい)」 63, 88
의미상의 제약 13
의지 11
의지성 동사 93
이유(理由) 91
인과관계(因果関係) 24, 66
일반동사 28

【ㅈ】
자립형식(自立形式) 36
자발(自発；じはつ) 11
자발표현 13
장소명사 28
재시행(再試行) 44
전건(前件) 91
전문(前文) 66
전문(伝聞) 94
전성명사(転成名詞) 62
전항동사(前項動詞) 34
접두사적(prefix) 36
접속법(接続法) 22, 24
접속조사 26, 64
접속형(接続形)」 64
정중표현 19
조건 90
조동사 9
존경(尊敬；そんけい) 11
존경표현 13
「終(お)わる」 47
종조사 99
주절(後件) 91
「준비」 73, 74
중지 33
중지법(中止法) 24
지명 28
「直(なお)す」 53
직접수동 12

【ㅊ】
처치동사(処置動詞) 73
「促音便(そくおんびん)」 63, 83
추량 표현 11
추정(推定) 94
추측 94
축약형 80
충고 32
置(お)く 72

【ㅌ】
타동사 용법 47
「타동사+てある」 75
「타동사+てない」 75
「通(とお)りすぎる」 60
「通(とお)りぬける」 60
「通(とお)り越(こ)す」 60

【ㅎ】
한어 28, 30
한어동사(漢語動詞；かんごどうし) 30
항구조(項構造) 35
항상조건(恒常条件(こうじょうじょうけん) 98
항상조건(恒常条件) 98
항시조건(恒時条件) 98
「行く」 75
현재의 상태 93
형식명사 87
형식용언 30
형용동사+すぎる 52
형용사의 어간+すぎる 51
화자의 의지 97
화자의 희망(希望) 20
회화체 13, 22, 99
후건(後件) 91
후속문 66
후항동사(後項動詞) 34, 38
희망의 대상 20
희망표현 20

■ 저자약력

■ 이성규(李成圭)

忠北 淸州 出生
(현) 인하대학교 교수
(현) 한국일본학회 고문
(전) KBS 일본어 강좌「やさしい日本語」진행
(전) 한국일본학회 회장(2007.3.~2009.2.)
한국외국어대학교 일본어과 졸업
일본 쓰쿠바(筑波)대학 대학원 문예·언어연구과(일본어학) 수학
언어학박사(言語學博士)

전공 ; 일본어학(일본어문법·일본어경어·일본어교육)

저서
『도쿄일본어 1, 2, 3, 4, 5』, 시사일본어사. (1993~1997)
『現代日本語研究 1, 2』, 不二文化社. (1995) 〈共著〉
『仁荷日本語 1, 2』, 不二文化社. (1996) 〈共著〉
『홍익나가누마 일본어 1, 2, 3』, 홍익미디어. (1996) 〈共著〉
『홍익일본어독해 1, 2』, 홍익미디어. (1997) 〈共著〉
『도쿄겐바일본어 1, 2』, 不二文化社. (1998~2000)
『現代日本語敬語の研究』, 不二文化社. (1999) 〈共著〉
『日本語表現文法研究 1』, 不二文化. (2000)
『클릭 일본어 속으로』, 가산출판사. (2000) 〈共著〉
『実用日本語 1』, 가산출판사. (2000) 〈共著〉
『日本語 受動文 研究의 展開1』, 不二文化. (2001)
『도쿄실용일본어』, 不二文化. (2001) 〈共著〉
『도쿄 비즈니스 일본어1』, 不二文化. (2003)
『日本語受動文の研究』, 不二文化. (2003)
『日本語 語彙論 구축을 위하여』, 不二文化. (2003)
『일본어 어휘I』, 不二文化. (2003)
『日本語受動文 用例研究1』, 不二文化. (2003) 〈共著〉
『日本語受動文 用例研究II』, 不二文化. (2003)
『일본어 조동사 연구I』, 不二文化. (2004) 〈共著〉
『일본어 조동사 연구II』, 不二文化. (2004) 〈共著〉
『일본어 문법연구 서설』, 不二文化. (2005)
『日本語受動文 用例研究III』, 不二文化. (2005) 〈共著〉
『일본어 조동사 연구III』, 不二文化. (2006) 〈共著〉
『현대일본어 경어의 제문제』, 不二文化. (2006) 〈共著〉
『현대일본어 문법연구I』, 시간의물레. (2006) 〈共著〉

『현대일본어 문법연구Ⅱ』, 시간의물레. (2006) 〈共著〉
『현대일본어 문법연구Ⅲ』, 시간의물레. (2006) 〈共著〉
『현대일본어 문법연구Ⅳ』, 시간의물레. (2006) 〈共著〉
『일본어 의뢰표현Ⅰ- 肯定의 依賴表現의 諸相 - 』, 시간의물레. (2007)
『일본어 의뢰표현 - 부정의 의뢰표현의 제상 - 』, 시간의물레. (2016)
『신판 생활일본어』,시간의물레. (2017)
『신판 비즈니스일본어1』, 시간의물레. (2017)
『신판 비즈니스일본어2』, 시간의물레. (2017)
『일본어 구어역 마가복음의 언어학적 분석Ⅰ』, 시간의물레. (2018)
『일본어 구어역 마가복음의 언어학적 분석Ⅱ』, 시간의물레. (2019)
외, 논문 다수 있음.

■ 권선화(權善和)
仁川 出生
인하대학교 문과대학 일어일문학과 졸업.
인하대학교 교육대학원 일본어학 전공 졸업.
인하대학교 대학원 박사과정 졸업.
문학박사(文学博士)

전공 ; 일본어학(일본어문법・일본어교육)

저서
『일본어 형용동사』 시간의물레. (2012)

논문
李成圭・權善和(2000b)「漢語動詞와 日本語教育-現行高等学校 日本語 教科書를 対象으로 하여-」『日本学報』45輯 韓国日本学会.
李成圭・權善和(2003g)「日本語形容動詞の一問題」『日本学報』56輯 1巻 韓国日本学会.
權善和(2004)「カタカナ語の連体修飾形「~な」について」韓国日本学連合会 第2回 国際学術大会 Proceedings.
權善和(2005)「形容動詞化する接尾辞「的」について」『日本学報』64輯, 韓国日本学会.
權善和(2006)「漢語の名詞と形容動詞語幹について―意味概念と用法を中心として―」『日本学報』66輯, 韓国日本学会.

일본어 동사 활용형의 용법

초판 1쇄   2019년 7월 26일
초판 2쇄   2020년 8월 26일
저   자   이성규·권선화
발 행 인   권호순
발 행 처   시간의물레
주   소   서울시 마포구 마포대로 4다길 3, 1층
전   화   02-3273-3867
팩   스   02-3273-3868
전자우편   timeofr@naver.com
홈페이지   http://www.mulretime.com
블 로 그   http://blog.naver.com/mulretime
I S B N   978-89-6511-286-0
정   가   8,000원

ⓒ 2019 이성규·권선화
* 잘못된 책은 바꾸어 드립니다.

* 이 도서의 국립중앙도서관 출판예정도서목록(CIP)은 서지정보유통지원시스템 홈페이지
(http://seoji.nl.go.kr)와 국가자료종합목록 구축시스템(http://kolis-net.nl.go.kr)에서 이용
하실 수 있습니다. (CIP제어번호 : CIP2019027207)